40 Técnicas para superar el autosabotaje mental y acallar a tu crítico interior

Título original: Sh*t I Say to Myself. 40 Ways to Ditch the Negative Self-Talk That's Dragging You Down

Traducido del inglés por Antonio Luis Gómez Molero

Diseño de portada: Editorial Sirio, S.A.

Ilustraciones: Katie Krimer

Maquetación: Toñi F. Castellón

© de la edición original
2022 de Katie Krimer

Edición publicada por acuerdo con New Harbinger Publications a través de International Editors & Yáñez Co' S.L.

© de la presente edición
EDITORIAL SIRIO, S.A.
C/ Rosa de los Vientos, 64
Pol. Ind. El Viso
29006-Málaga
España

www.editorialsirio.com
sirio@editorialsirio.com

I.S.B.N.: 978-84-19685-63-6
Depósito Legal: MA-1680-2024

Impreso en Imagraf Impresores, S. A.
c/ Nabucco, 14 D - Pol. Alameda
29006 - Málaga

Impreso en España

Puedes seguirnos en Facebook, Twitter, YouTube e Instagram.

Katie Krimer

40 Técnicas para superar el autosabotaje mental y acallar a tu crítico interior

Deja de echarte mi**da encima

 Editorial
SIRIO

Índice

La causa del sufrimiento no son los acontecimientos que nos suceden en la vida, sino la forma en la que nos relacionamos con ellos.

—Pema Chödrön

• • •

¿Cómo podemos abandonar la negatividad, tal y como sugieres? Soltándola. ¿Cómo se suelta un trozo de carbón caliente que se tiene en la mano? ¿Cómo se suelta un lastre pesado e inútil que llevamos encima? Dándote cuenta de que no quieres seguir sufriendo el dolor o arrastrando esa carga por más tiempo y soltándola.

—Eckhart Tolle

Dejémonos de historias

Lo que más me fastidia de mi trabajo como terapeuta es escuchar toda esa mierda que la gente se echa encima. A lo largo de los últimos ocho años, la he visto de todas las clases posibles. Por un lado, están las declaraciones abiertas de odio a uno mismo y, por otro, las formas encubiertas e indirectas de denigrarse.

Hay maneras mucho más agradables y eficaces de enfrentarte a la vida, a los problemas y a una mente acelerada. Por suerte para ti, si toda esa mierda que te echas encima te frena, tengo una solución: ¡no lo hagas! Así de sencillo. Si estás preparado* para dejar de hacerlo ya, de golpe, busca tu recibo, devuelve el libro ahora mismo y tan amigos. Si no, te sugiero que te pongas cómodo: cambiar los hábitos de la mente es jodidamente difícil.

---

* N. del T.: Por razones prácticas, se ha utilizado el masculino genérico en la traducción del libro. La prioridad al traducir ha sido que la lectora y el lector reciban la información de la manera más clara y directa posible.

Sin embargo, te alegrará saber que vas a aprender de una verdadera experta: nada menos que una auténtica exespecialista en el arte de pensar y hablarse negativamente a sí misma. Además, soy excampeona mundial de insomnio, preocupación y pensamiento excesivo, superviviente de ataques de pánico recurrentes, exrrumiadora experta y experfeccionista. (El resto de la lista se tratará en la secuela de este libro, *Shit Your Therapist Went Through* [Toda la mierda por la que pasó tu terapeuta]).

A los veintitrés años, al cabo de solo una semana de conocerla, me fui a vivir con la persona con la que creía que me casaría y luego rompí con ella. No lo afronté bien: era demasiado orgullosa para pedir ayuda. Todo esto ocurrió mientras cursaba mi licenciatura en Psicología Clínica y sufría trastornos de salud mental muy graves. El fracaso sentimental me destrozó: la historia romántica que había colocado en un pedestal se desmoronó delante de mis narices.

Una amiga me entregó mi primer libro sobre mindfulness, titulado *Cuando todo se derrumba: palabras sabias para momentos difíciles*, de Pema Chödrön. Me cambió la vida y consiguió que me enfrentara a lo nociva que se había vuelto mi voz interior; además, me enseñó a controlar a esa especie de *hater* escandalosa y alarmista que llevaba dentro.

Empecé a modificar conscientemente el lenguaje que utilizaba al hablar conmigo misma y me dediqué de lleno a la práctica de la atención plena para estar más presente y dejar de criticar... todo. Con cada momento de compasión hacia mí misma cuando la vida se ponía difícil, mi voz interior iba evolucionando y volviéndose mucho más amable. Aprendí a detectar la historia negativa que me estaba contando y a mantener conversaciones más sanas conmigo misma.

A lo largo de estas páginas, iremos viendo diferentes enfoques para tratar a nuestra mente como si fuera una amiga cariñosa, en lugar de una enemiga que nos ataca. Juntos, exploraremos formas creativas de transformar la autocrítica destructiva y el pensamiento negativo en compasión hacia uno mismo, consciencia plena, ecuanimidad y positividad.

Podrías llevar un diario mientras trabajas con este libro o bien utilizar un cuaderno (¡o tu móvil!) para completar los ejercicios. Tómate el tiempo que necesites y responde detenidamente a las preguntas, reflexiona con franqueza sobre tu experiencia.

Así que, antes de que este libro empiece a acumular polvo en una estantería llena de libros de desarrollo personal sin leer, toma tu cuaderno y contesta amablemente a las siguientes preguntas:

¿Hablarte mal o hablar mal de ti te ha servido de algo?
¿Denigrarte te ha impulsado a realizar los cambios positivos y duraderos que siempre has deseado?

¿Avergonzarte de ti mismo ha aumentado tu motivación y tu confianza?

¿El desagradable cotorreo de tu gallinero interior te ha proporcionado la información necesaria para hacer realidad tus sueños?

¿Enfocarte en los obstáculos de tu vida ha hecho que esta sea más fácil o satisfactoria?

Si has respondido en más de una pregunta algo parecido a «no..., no exactamente», estás en el lugar adecuado. Como terapeuta y *coach* de mentalidad, trabajo con clientes cuya voz interior despreciativa, creencias limitantes y espirales de pensamiento afectan a casi todas sus experiencias vitales. Soy consciente de hasta qué punto su odiosa voz interior les impide disfrutar de la vida.

Te diré ahora lo que les digo a mis clientes: tienes que decidir, hoy mismo, que tu forma de pensar y de hablarte ya no funciona. Debes reconocer el daño que estás haciendo a tu idea de ti mismo y asumir la responsabilidad de elegir el lenguaje que utilizas.

Cuando te enfrentes a cómo te han lastrado tus viejas historias, cada momento de tu vida se convertirá en una oportunidad para elegir conscientemente maneras sanas, amables y realistas de conversar contigo. Una advertencia: es imposible que abarquemos todos los enfoques del pensamiento negativo que existen. Ningún libro puede decirte exactamente qué hacer. El mío ciertamente no lo hará. Pero lo verdaderamente importante es que reconozcas que el sufrimiento perdurará si no cambias tus hábitos mentales y te comprometas a estudiar y poner en práctica cualquier conocimiento que pueda liberarte. Espero que este libro te deje clara una cosa: o cambias tu voz interior o sigues sufriendo. Depende de ti.

EL MONÓLOGO INTERIOR NEGATIVO EN POCAS PALABRAS

Te has ganado una plaza en mi minitaller titulado *Diversos aspectos del monólogo de mierda*. Primero cubramos lo básico. Nuestro cerebro produce pensamientos, que son creados por neuronas que se encienden a través de vías como si formaran un circuito eléctrico. Los pensamientos pueden tener una carga positiva, negativa o neutra, y suelen estar dirigidos al yo, a los demás y al mundo. Los tipos de pensamientos comprenden las preocupaciones, las suposiciones, las impresiones, los conceptos, las ideas, las percepciones, las preguntas, las opiniones, las creencias, las narraciones, etc. El monólogo interior es el discurso o los pensamientos que nos dirigimos a nosotros, parecido a un monólogo teatral, *sin* el talento de Shakespeare. Hablarnos a nosotros mismos es también un comportamiento consciente que utilizamos en respuesta a determinados pensamientos o experiencias, y que abarca un amplio espectro que va desde la crítica autodestructiva hasta la autoafirmación.

Tu mente

Tus nuevos hábitos mentales

Piloto automático

Tanto si se produce de forma refleja como si se utiliza de forma más consciente, con el tiempo, el monólogo *negativo* daña nuestro sentido de la identidad y de la valía personal y nuestra autoestima.

La evolución creó un cerebro que prioriza la supervivencia por encima de la introspección. Las partes más antiguas de nuestro cerebro se formaron para la autoprotección, y no evolucionaron para responder con precisión a la compleja naturaleza de la amenaza emocional o del ego. Cuando nuestros antepasados no estaban seguros de si el crujido en el bosque era un peligro para su tribu, no dedicaban mucho tiempo a autoanalizarse. El reflejo mental de lucha o huida los protegía iniciando una respuesta óptima a la amenaza potencial.

Nuestros cerebros están programados con un *sesgo de negatividad*, una programación que hace que los acontecimientos negativos dominen nuestro mundo interior por encima de los positivos. Hace mucho tiempo, los que respondían de manera más eficaz a las amenazas lograban procrear, por lo que se reforzaba el funcionamiento de nuestros cerebros.

Hablemos también brevemente del *egocentrismo* —nuestra tendencia a ser el centro de nuestro propio universo y la incapacidad de ver desde la perspectiva de los demás—, ya que desempeña un papel en todas las versiones del monólogo interior negativo. Me gano la vida mostrando empatía, y *aun así* a menudo asumo erróneamente que la gente ve el mundo como yo lo veo.

Los *sesgos cognitivos* son errores en nuestro pensamiento que influyen en la forma en que fabricamos nuestras realidades individuales. Quiero hacer hincapié en esto: nuestra realidad subjetiva se construye a partir de nuestras *percepciones* de la experiencia y no de los hechos objetivos. Por lo tanto, lo que creemos que es cierto sobre nosotros mismos y los demás —no forzosamente lo que *es* verdad— es lo que acaba determinando nuestras decisiones, nuestros juicios sobre nosotros y los demás, y el resto de nuestro comportamiento.

Nuestro cerebro reconoce más fácilmente los estímulos negativos y se asegura de que también nos fijemos en ellos. Cuanta más atención prestemos a lo negativo, más exagerará nuestra mente su importancia, perpetuando el ciclo del pensamiento negativo. Nuestra mente no es tan fiable como creemos, y a menudo nos proporciona información inexacta, lo que hace que distorsionemos la realidad.

Las *distorsiones cognitivas* son pensamientos negativamente sesgados e irracionales que alimentan y refuerzan nuestras emociones y lo que nos decimos a nosotros mismos. Reforzada con el tiempo, esta forma de pensar defectuosa sirve de rúbrica para el lenguaje perjudicial y degradante que utilizamos. Estas son las categorías más frecuentes de monólogo interior negativo:

Aparentemente sensato

No se me da bien dibujar: para qué voy a pintar nada.

Tengo miedo a las alturas: no tiene sentido ir a un parque temático.

Le hice daño; seguramente me merezco sentirme culpable durante mucho tiempo.

Aparentemente realista

Llevo semanas en esta aplicación de citas y solo me han invitado a salir una vez. No le gusto a nadie.

He suspendido dos exámenes de matemáticas; en la vida voy a aprobar la asignatura.

Con base en el miedo o la baja autoestima

Seguro que me rechazan. Esto no saldrá bien; no lo haré.

Mejor permanezco callado en la conversación porque no soy interesante.

Extremadamente cruel y denigrante

No me merezco que nadie me quiera.

Soy un idiota. Soy un fracaso. Nunca llegaré a nada.

LAS CONSECUENCIAS
DEL PENSAMIENTO NEGATIVO

Nos hablamos a nosotros mismos de una manera desagradable y crítica, pero luego nos sentimos tremendamente decepcionados cuando nada cambia. Nos inventamos historias que mantienen fijas nuestras identidades y capacidades, sin cuestionar su veracidad ni su base real. Nos convencemos de que nunca lograremos lo que queremos en la vida porque hay algo esencialmente malo en nosotros. Perdemos un tiempo precioso creyendo que no valemos y dudando de nosotros mismos, atrapados en el pasado o viviendo profecías que terminan cumpliéndose porque ponemos de nuestra parte para que así sea. Dejamos que esa voz interior nuestra que habla a la defensiva erosione la comunicación y cree conflictos en nuestras relaciones. La mente nos engaña constantemente y, sin embargo, seguimos fiándonos de ella.

Imagina que cada vez que acudieras a un terapeuta o a un ser querido en busca de apoyo, este te reprendiera, dudara de ti, se dedicara a hablarte de todos los ámbitos en los que vas a fracasar, tratara de convencerte de que no vales un céntimo, menospreciara tus sentimientos y le restara importancia a tu sufrimiento.

¿Deseas mantener una relación como esta? Pues, más o menos así es la que tienes con tu mente. Si tu voz interior afecta negativamente a tu autoestima y tu sentido de la valía personal, limita tu capacidad de introducir cambios positivos y duraderos en tu vida, te arrastra a vivir con miedo y te impide disfrutar de la tranquilidad y la alegría, ¡ha llegado el momento de cambiarla de una puta vez!

1. «No puedo cambiar»

Vaya, ¡me encanta empezar con optimismo!

No basta con leer montones de libros de autoayuda ni con asistir a terapia para que lleguemos a creernos, de manera coherente y firme, capaces de cambiar y tener un crecimiento espectacular a nivel personal. Este tipo de mensaje interno —«No puedo cambiar»— es solapado, y podemos encontrarlo en el tono y el lenguaje con el que nos atacamos a nosotros mismos. Se trata de una idea que nos impide comprometernos con las prácticas diarias que crean hábitos de pensamiento saludables. Especialmente en el caso de personas que tienen una voz interior muy crítica, hay una actitud derrotista generalizada que acompaña a las dudas sobre sí mismas.

La mayoría vemos claramente que *cualquiera* puede cambiar, pero al haber vivido con nosotros mismos durante tanto tiempo, estamos seguros de que nosotros somos la *excepción*. Tememos que, si empezamos a dar pasos hacia el cambio, descubriremos que somos incapaces de lograr ninguna transformación. Estamos demasiado paralizados por el miedo para actuar, y así confirmamos nuestra creencia original: «No puedo crear buenos hábitos. No tengo constancia para ceñirme a una rutina». Luego, a menudo nos sentimos culpables y avergonzados, y así creamos un círculo vicioso que nos lleva a seguir hablándonos de forma negativa y a realizar predicciones catastróficas que terminan cumpliéndose.

Desafortunadamente, a muchos no se nos da bien (aún) tratarnos con compasión; pero la compasión hacia nosotros mismos es la magia que puede calmar el dolor de asumir la responsabilidad por haber permitido que nuestras mentes nos jodan.

Si me dijeras que no ves ningún cambio en tu vida, a pesar de ir a terapia o, digamos, de absorber la sabiduría trascendental de este libro, te preguntaría qué has hecho para poner en práctica lo aprendido. Te puedo asegurar que no serías el primero al que le cuesta actuar a pesar de «entender» bien la cuestión y saber exactamente qué es lo que «debe hacer». Inevitablemente, esto te hace quedarte estancado y, por tanto, criticar tu bloqueo o considerarte incapaz de cambiar como aparentemente pueden hacerlo los demás.

¿Sueles contestar con un resignado «lo sé, lo sé», tras un suspiro, cada vez que alguien te dice lo que necesitas hacer para sentirte mejor contigo mismo? ¿Y luego añades «es que es muy difícil», «no sé cómo» o deslizas un «no puedo» en la conversación?

Soy un ser humano, como tú, que ha tenido que luchar denodadamente contra su propio crítico interior, por eso te entiendo. Sin embargo, también soy la autora, bastante descarada, de este libro, y como tal te digo que *sí* sabes el porqué y el cómo (está en todos los libros y manuales de trabajo de desarrollo personal, en los conocimientos de los terapeutas, en el sentido común...). Es verdad que *es* muy difícil. Pero no se trata de que *no puedas*, sino más bien de que te abruma el tremendo esfuerzo que puede suponer y temes no ser capaz de llegar al final.

CAMBIARÁS, NO TE QUEPA LA MENOR DUDA

Asumir la responsabilidad de tu crecimiento personal es un requisito previo para un cambio duradero, ya que nadie más puede hacerlo por ti. La primera buena noticia que tengo que darte es que, por el mero hecho de envejecer, experimentarás el proceso de cambio de forma natural. Si te sirve de consuelo, recuerda que nuestras narices y nuestras orejas siguen creciendo hasta que morimos. ¿Lo ves? Si hay vida, hay crecimiento.

Afortunadamente, nuestro cerebro es bastante radical en un aspecto importante que (más o menos) compensa todas las formas en que nos complica la vida: tiene *neuroplasticidad*, una capacidad mágica para desarrollar nuevas conexiones neuronales que pueden reconectarse, lo que da lugar al desarrollo de nuevos hábitos (Doidge, 2008), como, por ejemplo, el de superar nuestros incesantes pensamientos negativos y catastróficos.

Acuérdate de que solo hay dos salidas: te asustas de dar pasos hacia el autocrecimiento y tienes garantizado seguir igual o empeorar. O abandonas la vieja conversación contigo mismo, te animas a ser valiente y tienes, como mínimo, la garantía de experimentar algún cambio, si no una transformación espectacular.

Este es el trato: si evitas arriesgarte a salir de tu zona de confort, habrás perdido el derecho a lamentarte o quejarte de cualquier aspecto de ti mismo o de tu vida que te disguste. Te tocará apechugar con las consecuencias de tu decisión.

El ejercicio de este capítulo es un primer paso para abandonar tu *mentalidad fija* y desarrollar una *mentalidad de crecimiento*. Una mentalidad fija significa creer que no es posible mejorar nuestras habilidades por más que nos esforcemos. Las personas con una mentalidad fija suelen tener más miedo al fracaso. En cambio, una mentalidad de crecimiento implica tener una forma flexible, esperanzada pero realista de afrontar los contratiempos y poder replantearse la situación para mantener la motivación cuando se lucha por alcanzar un objetivo. Quienes tenemos una mentalidad de crecimiento tendemos a valorar el aprendizaje de las experiencias pasadas y priorizamos el autocrecimiento y el trabajo para dar lo mejor de nosotros mismos (Dweck, 2016).

PARA PROFUNDIZAR

No es posible crear un cambio duradero sin desarrollar primero un poco de autoconciencia.

Responde a las siguientes preguntas para reflexionar sobre tus intentos de cambio anteriores:

> ¿Qué tipo/cantidad de esfuerzo has dedicado a crear nuevos hábitos de autoconciencia?
>
> ¿Qué limitaciones percibidas o reales te han impedido tomar las decisiones que conducen al cambio?
>
> ¿Qué miedos se han interpuesto en tu camino?
>
> ¿Cómo te hablabas a ti mismo mientras intentabas cambiar? ¿Cómo te expresabas cuando no veías «suficiente» crecimiento?

Comprométete a cambiar el lenguaje que utilizabas contigo mismo poniendo por escrito tu intención de hacerlo. *Conecta* este compromiso con tus valores intrínsecos: ¿por qué es importante para ti cambiar? *Expresa* tu gratitud por una mente neuroplástica diciendo en voz alta: «Estoy agradecido de que mi cerebro sea capaz de cambiar». Para los muy valientes: afirma tu capacidad de cambio mientras te miras al espejo. «Espejito, espejito, juro ante ti que se acabó hablarme mal por siempre jamás».

2. «Estoy atontado»

Es cierto que a veces parecemos tontos. Pero, a partir de ahora está prohibido hablar pestes acerca de las chorradas que piensas o de cómo te sientes como una *mierda* o decir que tu vida es una auténtica *porquería*, por más que describa a la perfección tu realidad en estos momentos. Tengo que avisarte de que soy totalmente intransigente en este aspecto, de manera que ponte las pilas.

La vida ya es lo suficientemente dura como para agravar el sufrimiento criticando cómo funciona tu mente. Si no tienes claro en qué consiste este tipo de crítica, aquí tienes algunos ejemplos de cómo puede sonar: «Me fastidia seguir pensando en esto», «No debería pensarlo», «Soy débil por sentirme así», «Sé que parece una locura», «Es una tontería que me haya afectado tanto», «Me odio por ser incapaz de superarlo», «No soporto estar triste», «No creo que nadie sea tan tonto como yo»...

Te aseguro que he escuchado todas las variantes posibles. En esencia, estamos juzgando a nuestro cerebro por funcionar como... un cerebro. Lo cual es como intentar luchar contra la gravedad en la Tierra: inútil y agotador.

¿Te has dado cuenta de la frecuencia con la que te disculpas, justificas, reniegas o te sientes avergonzado o apenado cuando observas o expones lo que piensas?

¿Tiendes a reprenderte en lugar de permitirte simplemente ser humano? ¿Te juzgas por juzgarte?

Lo primero que tenemos que hacer es volvernos expertos en descubrirnos cuando estamos criticándonos y, a partir de ahí, corregir el rumbo, aceptando la actividad de nuestra mente. Es normal sentirse sorprendido e incómodo al ser plenamente conscientes de lo mucho que nos castigamos solo por tener pensamientos o sentimientos que nos parecen desagradables o negativos. Una vez que seamos capaces de ser conscientes sistemáticamente de la actividad de nuestro crítico interior, conseguiremos cambiar el modo en que reaccionamos. Solo entonces podremos dedicarnos a transformar los pensamientos en sí.

VUÉLVETE CURIOSO

La curiosidad no surge espontáneamente cuando tu mente está ocupada juzgando. Pero cuando la curiosidad se convierte en tu respuesta habitual, es como si adquirieras un superpoder. Tras años de práctica constante, la reacción predeterminada de mi mente es la curiosidad, mientras que el juicio casi ha desaparecido, unido, en su lugar de descanso final, al latín que aprendí en el instituto. Lo único que te digo es que... si yo puedo hacerlo, *tú* también. Cuando tu yo creado por la mente piensa, de golpe, en todo lo que le vuelve loco o cuando tu cuerpo responde a lo que percibe como una amenaza emocional, siempre te enfrentas a una elección: permitir que el miedo dirija el espectáculo, garantizando el sufrimiento gracias a tus pullas y juicios, o sentir curiosidad por cualquier cosa que estés sintiendo, observarla sin juzgar, como si fueras un científico que estudia su propio cerebro mientras piensa, siente y actúa. Los científicos se abstienen de intentar controlar el comportamiento natural del sujeto en cualquiera de sus manifestaciones. Del mismo modo, cuando eliges la curiosidad, te abstienes intencionadamente de juzgar o intentar cambiar la naturaleza de la mente.

TRANSFORMA EL RECHAZO EN CURIOSIDAD

La próxima vez que no te guste lo que te pasa por la cabeza, aprovecha la oportunidad para hacerte preguntas en lugar de ceder a la tentación de juzgarte. Un ajuste sencillo, pero transformador, consiste en cambiar el tono con el que te hablas. La misma pregunta puede plantearse con un tono negativo o con curiosidad.

Una vez que hayas cambiado el tono, puedes hacerte algunas de estas preguntas aclaratorias de probada eficacia:

«¿Por qué he tenido ese pensamiento?».

«¿Qué pasaría si dejara que la tristeza permaneciera durante un tiempo?».

«¿Y si aceptara que tardaré en cambiar la historia que me estoy contando?».

«¿Y si en lugar de llamarme loco por pensar así, lo viera como algo humano?».

«¿Qué puedo aprender de este momento o de esta experiencia?».

Sigue haciéndote preguntas en lugar de quejarte del órgano que te mantiene vivo. Te espera un despertar feliz.

3. «Si lo pienso, debe de ser verdad»

Imagina una situación en la que tengas el siguiente pensamiento: «Le fallé a mi mejor amigo justo cuando más lo necesitaba. Soy un auténtico desastre». Luego, le das la razón a dicho pensamiento: «Sí. Una mierda de amigo. Un amigo de verdad no te deja vendido de esa manera».

Como te sientes avergonzado, te dices a ti mismo que sería mejor dejar de responder a sus mensajes porque no hay forma de reparar lo que has hecho. Para cuando quieras darte cuenta, ya has perdido una amistad, y no por el hecho en sí de haberle defraudado, sino porque crees que una metedura de pata (sí, incluso una metedura épica) determina toda tu valía como amigo. Alerta de *spoiler*: pronto sabrás que millones de personas de todo el mundo meten la pata a todas horas, y eso no las convierte a todas en seres humanos de mierda. Es más, esos millones de personas tienen millones de pensamientos, la mayoría de los cuales no se basan en hechos observables, sino en la subjetividad (y, tengo que resaltar esto, en un montón de prejuicios). Cuando vemos a *otros* tratarse con dureza, no solo mostramos compasión, sino que incluso les llamamos la atención por juzgarse de forma tan severa e injustificada. Estamos convencidos de que se equivocan al actuar así y nos desconcierta que se aferren tan ciegamente a una mentalidad que los hace sentirse indignos. Piensa en la frecuencia con la que respondemos «¡eso no es cierto!» cuando un amigo nos revela su pobre concepto de sí mismo. Aunque me encanta desenmascarar su lógica fallida, muchos clientes lucharán a muerte conmigo para demostrarme, cueste lo que cueste, que son lo peor del mundo.

UN PENSAMIENTO NO ES UN HECHO COMPROBADO

El cerebro, que tiene un promedio de cincuenta mil a setenta mil pensamientos al día, es incapaz de comprobar la veracidad de cada uno de ellos. Los pensamientos no son intrínsecamente verdaderos o falsos; solo son señales eléctricas que se disparan en tu mente y que esta interpreta de forma automática. Dado que, por lo general, estas señales dependen de nuestro estado de ánimo, de los acontecimientos y de nuestra percepción de lo que nos rodea, son las interpretaciones que hacemos de un pensamiento lo que le da su valor real y, en última instancia, su poder sobre nosotros. Muchos de nuestros pensamientos son opiniones o percepciones basadas en años de condicionamiento. Cuando nos tomamos muy en serio los pensamientos negativos, sus consecuencias se agravan: nos cuesta creer en nosotros, nos paralizamos por el miedo y nuestra autoestima empieza a deteriorarse.

¿Recuerdas cuando pensabas que estabas muy por detrás de la gente de tu edad en la vida? Estabas *absolutamente seguro* de que era cierto. ¿O aquella vez que te agotaste en tu trabajo porque creías que no te merecías descansar? ¿Y cuando no conseguías deshacerte de la culpa y te sentías cada vez peor con toda la negatividad que te enviabas a ti mismo, incluso después de que alguien te perdonara? ¿Te has detenido a cuestionar si había algunos fallos en tu lógica?

Para evaluar si un pensamiento es verdadero o no, intenta preguntarte si es cien por cien verdadero, el cien por cien de las veces. Si compartieras este pensamiento con cien desconocidos, ¿estaría cada uno de ellos de acuerdo? Por ejemplo, imagina que expones con rotundidad tu creencia de que no eres lo suficientemente atractivo para salir con alguien: ¿estaría todo el mundo de acuerdo con cómo te ves a ti mismo? (La belleza está en el ojo del que mira, ¿recuerdas eso?). Cuando dejas de aferrarte a cada creencia que tienes, ocurre algo maravilloso: te das cuenta de que de ti depende seguir permitiendo que un pensamiento te haga daño o, por el contrario, hablarte a ti mismo de una forma más realista y alentadora.

Aquí tienes tres consejos para comprobar la veracidad de tus pensamientos:

1. Cuando surja un pensamiento, pregúntate si hay una emoción presente. Recuerda que tus emociones no

solo te influyen, sino que también pueden distorsionar y manipular tus pensamientos.

2. Acepta lo que dice la ciencia. Los pensamientos son simplemente electricidad en el cerebro, una neurona que se dispara tras otra, así que no te tomes muy a pecho este parloteo ruidoso. Tus pensamientos contienen información que vale la pena escuchar, pero eso no significa que tengas que hacerles caso.

3. Deja un poco de espacio entre el «yo» de tu pensamiento y tú. En lugar de decir: «Sé que voy a fracasar», procura decir: «Estoy teniendo el pensamiento de que voy a fracasar». Esto le ayuda al cerebro a no quedar atrapado en la negatividad.

NO TE TOMES TAN EN SERIO TUS PENSAMIENTOS

Cuando te surja un pensamiento negativo, toma tu diario o el móvil y escríbelo. Luego, trata de refutarlo con tres argumentos distintos. Aquí tienes un ejemplo:

Pensamiento: «Nunca voy a conocer a nadie».

Refutación:

1. No puedo demostrar que esto sea cierto porque no puedo predecir el futuro.

2. Si preguntara a mis amigos íntimos, me dirían que aún es posible.

3. Conocer a alguien tiene que ver con un conjunto de factores, no es el resultado de lo que ha sucedido hasta ahora.

Sigue comprobando los hechos:

¿Qué historia hay detrás de este pensamiento? (Por ejemplo, la de que no merezco amor).

¿Por qué me apresuro a estar de acuerdo con este pensamiento? (¡Quizá porque mi especialidad es contarme chaladuras!).

¿De qué manera le afecta a mi vida el hecho de creer en este pensamiento? (Me impide aprovechar posibles oportunidades para salir con alguien).

¿Qué cambiaría si dejara de creer que es cierto? (Expresaría más confianza en mí mismo y posiblemente atraería a mejor gente a mi vida).

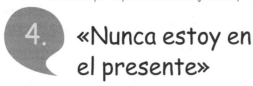

4. «Nunca estoy en el presente»

No creas que eres el único al que le pasa. Yo aún me sigo perdiendo en pensamientos ansiosos sobre lo que me pondré en viajes que ni siquiera he *reservado*.

Para la gran mayoría, el momento presente es un enigmático y esquivo oasis de la mente. Nuestra mente está diseñada para divagar gracias a un conjunto de estructuras cerebrales que conforman la *red cerebral predeterminada* (Mantini y Vanduffel, 2013). Vivimos en una configuración de piloto automático: ofuscados con nosotros mismos, estancados en el pasado y ansiosos por lo que nos deparará el futuro. Nuestro modo predeterminado está en gran parte impregnado de negatividad y miedo; de hecho, el estado de reposo de nuestra mente no es en absoluto relajante.

Rumiamos lo que deberíamos haber hecho o dicho en la entrevista para ese trabajo que no conseguimos y nos machacamos por haberlo dejado todo para más tarde una vez más. Si viajamos, nos lamentamos por tener que volver a casa incluso antes de llegar al primer hotel. En lugar de disfrutar de la película con nuestro amigo, estamos distraídos dándole vueltas a cuál será el «momento adecuado» para devolverle el mensaje a esa chica o chico que acabamos de conocer. De vez en cuando giramos la cabeza y nos preguntamos qué acaba de pasar.

Cuanto más divagamos, más detalles de la vida nos perdemos por no prestar atención. Es más probable que los pensamientos negativos nos inunden mientras funcionamos con el piloto automático, lo que nos impide estar presentes el tiempo suficiente para practicar un monólogo interior receptivo y consciente.

HAZ ESPACIO PARA EL MINDFULNESS*

La distracción, la falta de atención y el perderse en el pasado y el futuro tienen consecuencias nefastas. Cuando pasamos gran parte de nuestra vida absortos en nuestros pensamientos, quedamos a merced de ellos. «El mindfulness consiste en la práctica de prestar atención [al mundo] de una determinada manera, es decir: intencionadamente, en el momento presente y sin juzgar» (Kabat-Zinn, 2017, 4). También se puede prestar *atención a la mente*, como parte de esta práctica, para reconocer lo que está ocurriendo dentro de nosotros en este momento, observar los pensamientos cuando van y vienen, notar cómo fluctúan en función de nuestro estado emocional y fijarnos en su significado (agradable, desagradable o neutro). La autoconsciencia crece únicamente en el momento presente y sin ella no puede producirse un cambio positivo.

---

* N. del T.: *Atención plena;* en el texto se utilizan ambas expresiones indistintamente.

Con una práctica diligente, la capacidad de llevar intencionadamente nuestra atención al momento presente se vuelve más reflexiva y nos permite dirigir el ojo de nuestra mente. Solo podemos abordar nuestros patrones viciados de pensamiento si nos sorprendemos a nosotros mismos en el acto (de hablarnos mal) y actuamos en ese preciso momento.

La atención plena crea un espacio en el que podemos observarnos con claridad y aceptación. Conforme vayamos conociendo las señales familiares que provocan hábitos mentales inadaptados y seamos capaces de responder sin juzgar, conseguiremos liberarnos de las cadenas del sesgo de negatividad.

Pero no te equivoques: redirigir intencionadamente la consciencia una y otra vez, alejándola de aquello en lo que la evolución de nuestro cerebro nos ha llevado a centrarnos, no es una tarea fácil. Tienes que seguir apostando por prestar atención a lo que te rodea, en lugar de evadirte retrocediendo al pasado o tratar de protegerte de algún modo de la incertidumbre del futuro.

LA MAGIA DE LA ATENCIÓN PLENA...

... nos permite reconocer la presencia de cualquier malestar o negatividad sin añadir estrés juzgando nuestra experiencia. Juzgar nuestros pensamientos, sentimientos y comportamientos solo intensifica el estrés y la negatividad.

... nos ayuda a aceptar las cosas tal y como son, sin quedarnos atrapados en la historia. Ver los hechos tal y como son nos da la libertad de desprendernos de los aspectos de la historia que ya no nos sirven.

... mejora la regulación de las emociones. Somos más capaces de notar cuándo nuestros pensamientos reavivan las emociones negativas. Tomarnos las cosas con más calma nos ayudará a no dejarnos arrastrar por la intensidad de una experiencia emocional difícil.

... fomenta la compasión por uno mismo. Cuando somos conscientes de nuestro sufrimiento, podemos elegir ofrecernos amabilidad en lugar de críticas. Esto cambia profundamente la forma en que nos relacionamos con nosotros mismos y, en última instancia, los efectos positivos se extienden a todos los aspectos de nuestro ser.

... mejora la conexión en las relaciones. Nuestra capacidad de observar sin juzgar el modo en que nos comportamos en las relaciones ayuda a que nuestro ego no interfiera cuando surgen conflictos o dificultades. En lugar de ello, reflexionamos más fácilmente sobre nosotros mismos y mejoramos nuestra comunicación.

PON EN PRÁCTICA TU MAGIA

Aquí tienes algunas formas de introducir la atención plena en tu vida:

- Atrapa tu mente cada vez que empiece a divagar. Utiliza una práctica como la respiración profunda, una actividad física como los estiramientos o simplemente nombrar objetos de tu entorno para devolver tu mente al momento presente.
- Dedica conscientemente unos momentos a alejarte de tus dispositivos electrónicos. Toma la decisión de reconectar con tu cuerpo caminando o estirándote, realiza una actividad que te permita estar más presente (por ejemplo, tejer, hacer rompecabezas, regar las plantas) o acaricia a tu querida mascota.
- Cultiva la atención plena en los momentos de disfrute. Nos cuesta menos prestar atención mientras hacemos algo que nos gusta o nos divierte, porque nuestra mente sale con más facilidad del piloto automático. La próxima vez que realices una actividad que disfrutes, haz una pausa para deleitarte con las sensaciones de placer, gratitud y alegría.
- Dedica unos momentos a apreciar a la persona que tienes delante y conectar con ella. Procura escucharla de corazón, mirarla a los ojos o fijarte en algo de ella.

- ¡Medita! La meditación constante nos permite observar las historias que nos contamos a nosotros mismos sin juzgar su contenido. Pronto nos damos cuenta de que tenemos todo el poder para liberarnos de los grilletes del monólogo interior derrotista. Puedo prometerte que practicar de cinco a diez minutos de meditación al día mejorará tu relación con tu mundo exterior e interior.

CONSEJO PRO: El mindfulness es más eficaz si te propones vivir con más atención a lo largo de cada día, en lugar de hacer una práctica solo cuando las cosas se ponen feas. Aunque a muchos la idea de meditar les resulta poco atrayente, recuerda que la capacidad y la habilidad de entregarse plenamente al momento presente forman parte de nosotros. La belleza del mindfulness es que puede practicarse en cualquier momento, en cualquier entorno y en cualquier situación.

5. «Me temo que ocurrirá lo peor»

Cuando entré en la universidad, ya dominaba a la perfección el arte de imaginarme lo peor que pudiera pasar, aunque lamentablemente esto no contaba como actividad curricular. El día en que recibimos la clase de orientación, había tenido un dolor sordo y nada habitual en el esternón desde por la mañana. Al anochecer, los pensamientos catastróficos se vieron repentinamente acompañados de sudores fríos y respiración superficial. Estaba segura de que estaba sufriendo un ataque al corazón. Blanca como una sábana, entré en el salón y pedí a mi anfitrión que llamara a una ambulancia. Los paramédicos registraron mi frecuencia cardíaca en reposo en 190 latidos por minuto. Dijeron que solo se trataba de un ataque de pánico.

Más ataques de pánico me acosaron en los meses siguientes, pero en lugar de hablarme a mí misma de forma tranquilizadora, lo único que hice fue reforzar el hábito de meterme miedo. Mi mente se llenaba habitualmente de visiones de derrames cerebrales y enfermedades raras (la meningitis era una de mis preferidas) cada vez que sentía una punzada desconocida en el cuerpo, convencida de que la muerte estaba a mi puerta. No sabía cómo afrontar el miedo de una forma que no acabara con horas dedicadas a autodiagnosticarme en

Internet. Si hubiera existido una competición de catastrofismo, seguramente habría sacado la medalla de oro.

Mi historia es un ejemplo extremo de esta trampa de pensamiento; sin embargo, no creo que nadie, sea cual sea su experiencia, te aconseje gastar energía en asustarte a ti mismo con posibles catástrofes en el futuro y olvidarte de vivir el presente.

SÉ MÁS REALISTA

Quienes pensamos de forma catastrófica también tendemos a magnificar la gravedad de las dificultades y a exagerar nuestra incapacidad para afrontarlas. Frases como «no podré soportarlo», «me sentiré mal» o «simplemente sé que saldré perdiendo» implican que somos impotentes ante nuestros comportamientos futuros.

Entender *por qué* tenemos la costumbre de suponer lo peor puede ayudarnos a elegir el camino de la resiliencia, en lugar de reforzar la impotencia. Tal vez ponerte en lo peor te da una sensación de control sobre un futuro incierto. ¿Crees que si imaginas algo malo, estarás preparado y así no te afectará tanto si ocurre? ¿Temes que la creencia en un futuro favorable te haga caer en la complacencia?

Por mucho que lo intentemos, no podemos controlar el futuro y nos vendría bien dejar de actuar como si pudiéramos intervenir milagrosamente en el continuo espacio-tiempo para conjurar posibles desastres.

Es normal anhelar una sensación de seguridad en un mundo en el que hay mucho que temer. Sin embargo, existen formas más eficaces de crear una sensación de paz en el presente que agotarnos o malgastar momentos preciosos de la vida preparándonos para algo que puede o no llegar.

A continuación, encontrarás una hoja de ruta en la que se detalla cómo entablar una conversación realista con uno mismo que elimine el hábito de temerse lo peor. Al abordar una preocupación fuera de control, sigue estos pasos sucesivamente o trabaja con el que en ese momento te resulte más fácil:

1. En primer lugar, debes aceptar plenamente que en la vida ocurren situaciones incómodas, desagradables e incluso aterradoras, nos guste o no. Aunque es humano temer lo desconocido, ponerse en lo peor no evita que esto ocurra.

2. Practica hasta que aprendas a atraparte cuando estás pensando de manera catastrófica. Reconoce que, por más aterrador que te resulte, un pensamiento es solo un fenómeno mental (no una predicción infalible) y etiquétalo como *pensamiento*. Etiquetar los pensamientos ayuda a nuestro cerebro a no cederles tanto poder.

3. Una vez etiquetado, responde a un pensamiento irracional con tranquilidad en lugar de con más miedo. Utiliza una voz interior reconfortante para

decir: «Vaya, ¡ya está otra vez ahí mi cerebro con sus paranoias! Ahora mismo estoy completamente a salvo, no me hace falta prepararme para nada».

4. Dedica algún tiempo a escribir cada posible resultado negativo de una situación y, a su lado, añade un final más realista. Esto te dará respuestas alternativas la próxima vez que empieces a pensar que va a ocurrir lo peor.

5. Mientras escribes los finales más realistas, imagina que puedes afrontar y superar con éxito la peor situación que se te ocurra. Los seres humanos han resistido una y otra vez a la adversidad, a la catástrofe y a las grandes dificultades. Tú también lo harás.

6. «Lo más probable es que no lo consiga, para qué voy a molestarme en intentarlo»

Imagínate la siguiente situación: estás buscando en las listas de empleo y encuentras el que parece ser tu trabajo ideal. Lees los requisitos y, en general, encajas en el puesto, con algunas pequeñas excepciones.

En ese momento es cuando entra en juego el crítico interior: no hay manera de que consigas el trabajo porque no eres el candidato «perfecto». Te dices a ti mismo que te enfrentas a personas que tienen más experiencia que tú. Pero, no contento con eso, te castigas aún más asegurándote que, de todos modos, habrías sido un desastre en la entrevista y luego te consuelas en silencio, sabiendo que, como ni siquiera lo vas a intentar, no tendrás que enfrentarte al dolor del rechazo.

No intentarlo es una forma de asegurar la certeza en un mundo incierto. Por miedo a la posible vergüenza o al bochorno, predecimos lo peor y, así, evitamos intentarlo y enfrentarnos a estas emociones dolorosas. Cuando las predicciones que hacemos surgen de nuestra baja autoestima, nuestro monólogo interior se vuelve crítico y desmoralizador, con lo que termina paralizándonos.

Un miedo generalizado al fracaso impregna todos los ámbitos de nuestra vida. No nos apuntamos a un gimnasio porque estamos convencidos de que no seremos capaces de seguir de manera constante una rutina. Nos saltamos una clase difícil a pesar de que nos interesa porque creemos que no seremos lo bastante inteligentes para tener éxito. No nos atrevemos a dirigirnos a alguien que nos resulta atractivo porque estamos seguros de que no nos corresponderá.

Hacer un esfuerzo mínimo o no intentarlo en absoluto significa no tener que afrontar que hemos fracasado o que nos han rechazado porque no valíamos lo suficiente. Cuando me presenté a programas de doctorado, sabía que no tenía los años de experiencia que se suelen exigir. Evitaba corregir mis ensayos de solicitud porque una parte de mí quería tener la opción de achacar un rechazo a una escritura poco inspirada. Que conste que ese año no me aceptaron en ningún programa y sobreviví para contarlo.

El miedo al fracaso forma parte de la condición humana y encaja perfectamente con nuestro impulso evolutivo de supervivencia: para nuestros antepasados, volver de una cacería con las manos vacías significaba arriesgarse a morir de hambre. Sin embargo, fracasar es una parte inevitable de la vida, y sería una tontería seguir intentando evitarlo.

Cuando nos disuadimos de intentarlo, limitamos nuestro potencial. Si no nos arriesgamos, nos resultará imposible crear confianza en nuestras capacidades y aprender a recuperarnos de los escollos de la vida.

Hace falta mucho valor para dejar de predecir los malos resultados y de magnificar la sensación de fracaso. Ser valiente no significa que el miedo desaparezca, sino que estamos convencidos de que podremos soportar esa sensación de vacío en el estómago, de calor en la cara y de quemazón en los ojos que surge cuando inevitablemente nos enfrentamos a nuestras carencias.

TRANSFORMA TU RELACIÓN CON EL FRACASO

Redefine el fracaso para cambiar tu perspectiva y lograr que la posibilidad de que ocurra te dé menos miedo. *Fracaso* es una palabra con una carga muy pesada, pero no tiene por qué ser así. Un bebé que aprende a caminar se tambalea y cae muchas veces antes de dar sus primeros pasos. Los científicos realizan muchos experimentos fallidos antes de que algo funcione. Elige ver cada fracaso como una experiencia de aprendizaje.

Confía en que eres capaz de asimilar un resultado que no sea el que deseas. En ocasiones, la baja autoestima nos convence de que no podemos soportar otro golpe. Sin embargo, de hecho, ya lo estamos haciendo, ¿verdad? Tu cuerpo y tu mente son muy capaces de tolerar diversos niveles de malestar. Ningún fracaso acabará contigo ni tiene por qué hundir tu autoestima.

Decide que no vas a construir tu identidad basándote en tus fracasos, por muchos que tengas, del mismo modo que no definirías a nadie en función de los suyos. Acuérdate de alguien a quien respetes que haya fracasado claramente en algo y piensa en cómo lo ves. ¿Juzgas su falta de éxito o admiras su voluntad de intentarlo?

Recuerda que no aprendimos solos a temer el fracaso: las expectativas de los demás juegan un papel subconsciente en nuestra autoconciencia. Por suerte, la mayoría de la gente está demasiado ocupada preocupándose por sí misma como para estar pendiente de si tienes éxito o no. En realidad, tú eres tu peor crítico. Cuando las personas de tu vida juzgan tu índice de éxito o fracaso, quizá sea el momento de replantearte cómo te influyen.

CONSEJO PRO: Acostúmbrate a pensar «¿y qué?» cada vez que te venga a la mente una derrota. Cuanta menos atención le prestemos al resultado, más fácil nos será convencernos de que, de hecho, no tiene tanta importancia lo que ocurra.

7. «La vida es una putada»

Sí, así es, y no eres el único que lo piensa, querido amigo. A veces, la realidad puede ser jodida y somos capaces de hacer lo que sea con tal de no aceptarla.

En contra de la forma en que se utiliza a menudo esta palabra, *aceptar* no significa ceder, rendirse o conformarse. La aceptación es el acto de reconocer la realidad en el momento presente, sin juzgarla ni intentar cambiarla de ninguna manera, ni siquiera en nuestra mente. No significa que nos tenga que gustar lo que está pasando, ni mucho menos que tengamos que quererlo.

Sin embargo, aquí es exactamente donde surge la dificultad: nos empeñamos en que la realidad sea agradable y no nos cause molestias. *Queremos* que nos guste, o que podamos amarla, para así vivir en paz, en lugar de chocar con ella o sentir aversión. El sufrimiento surge cuando queremos que la vida sea distinta de como es.

Un ejemplo muy sencillo es cuando nos frustramos porque el tren aún no ha llegado. ¿Eres de los que se asoman al borde del andén para ver si ya se ven los faros a lo lejos? Pues si eres de esos, tal vez te haya visto; a mí me gusta situarme donde puedo observar la agitación del metro, así practico el sumergirme en la realidad tal y como es: por más que lo quiera o lo necesite, el tren aún no ha llegado.

Las dificultades para aceptar la realidad son una forma encubierta de voz interior perjudicial, que en algunos casos ni siquiera adopta la forma de palabras desagradables. Insistir en lo mucho que nos disgusta cómo son las cosas en el momento presente nos mantiene atrapados en el pasado o en una visión alternativa e incontrolable de nuestro presente. Cuanta mayor carga emocional tiene algo, más difícil suele ser aceptarlo como nuestra verdad actual.

Por ejemplo, cuando experimentamos una pérdida de cualquier tipo —ya sea el fin de una amistad, una ruptura, una muerte o la pérdida de tiempo—, la aceptación puede parecernos imposible, ofensiva incluso, si se sugiere. Nuestra mente se queda atrapada intentando evitar el dolor de tener que existir en una nueva realidad. Mientras deseemos que las cosas que no podemos cambiar sean diferentes, experimentaremos alguna forma de sufrimiento, ya sea como negación, distracción, anhelo o agonía.

ACEPTACIÓN RADICAL DE LA REALIDAD

Cuando aceptamos *radicalmente* algo difícil de nuestra vida, dejamos de resistirnos a nuestra realidad actual con toda la mente, el cuerpo y el corazón (Brach, 2014). Para mí, la aceptación radical es como flotar en el mar Muerto; es el momento en que dejamos ir la tensión de nuestro cuerpo y permitimos que la sal nos acune en la superficie. No hay nada que tengamos que hacer; solo ser.

Cómo solemos reaccionar los seres humanos ante la angustia:

1. Intentamos cambiar las circunstancias.
2. Intentamos cambiar nuestro comportamiento para hacer frente a las circunstancias.
3. Seguimos sintiéndonos desdichados o mal.
4. Aceptamos las circunstancias.

Recordatorios para la aceptación radical:

1. La realidad es como es y no podemos cambiarla, por muy desagradable o difícil que sea.
2. Hay causas y razones que explican la realidad que experimentamos o vivimos.
3. Pese a que la experiencia del dolor es ineludible, podemos evitar o disminuir el sufrimiento.

PRACTICA LA ACEPTACIÓN

Escribe un acontecimiento ocurrido en tu vida que te haya causado estrés o dolor. Analiza por qué te cuesta aceptarlo. Pregúntate si puedes volver atrás en el tiempo y cambiar tu respuesta. (Pista: no tienes una máquina del tiempo). Escribe tu(s) declaración(es) de aceptación. Por ejemplo: «Acepto que la amistad ha terminado». Practica la afirmación de aceptación en voz alta con un tono firme y seguro, y anótala para poder utilizarla como recordatorio en cualquier momento. Repítela a menudo.

Durante la práctica, respira hondo (inspirando por la nariz y espirando por la boca) mientras relajas conscientemente todos los grupos musculares de tu cuerpo. Un cuerpo más tranquilo es un cuerpo menos resistente, lo que, a su vez, es una mente menos resistente.

CONSEJO PRO: Si en algún momento notas que piensas «¿pero, es que no lo acepto?», responde a las siguientes preguntas: «¿Qué ha sucedido realmente?», «¿Cuáles son los hechos?». Deja al margen las percepciones, las opiniones y los juicios, y pregunta: «¿Ocurrió en mi realidad?». Di «sí» de forma neutral, no a regañadientes. Si percibo un tono subjetivo, el que sea, le pido a mi cliente que lo intente de nuevo. Finalmente, termina diciendo: «Sí, forma parte de mi realidad». ¡Tachán!

8.

«Me parece imposible dejar a un lado mis pensamientos y emociones»

Los pensamientos y las emociones pueden ser abrumadora y despiadadamente convincentes. Sin embargo, el problema no radica en su contenido o fuerza, sino en nuestra reacción desacertada a lo que nos hacen sentir. En lugar de considerar estas emociones e ideas simplemente como información, tendemos a *identificarnos en exceso* con ellas, lo cual amplifica aún más un estado mental o anímico negativo. Esto quiere decir que nos dejamos atrapar por el significado de los pensamientos y la intensidad de las emociones en un grado excesivo, en lugar de ver estas experiencias internas con una lente objetiva. En esos momentos, nos fundimos con lo que estamos pensando o sintiendo, por lo que es más difícil tener la perspectiva necesaria para tomar decisiones sabias y racionales. Además, la identificación excesiva hace que todo nos parezca que va a durar para siempre, aunque sea algo puramente temporal.

Como seres humanos, nuestro sentido del yo es una parte crucial de nuestra experiencia; por lo tanto, a menudo nos cuesta mucho separarnos de las identidades y de los papeles que nos asignamos a nosotros mismos. Los elementos de nuestra personalidad, trayectoria profesional o comportamiento, por ejemplo, se convierten en la totalidad de lo que somos, en lugar de ser una pieza más de un complejo rompecabezas.

Si sufrimos ansiedad, asumimos que tenemos un trastorno en vez de pensar que somos personas normales y corrientes que, de vez en cuando, *sienten* ansiedad. Si, de alguna manera, nos atacan por nuestro aspecto o peso, es posible que con el tiempo esa etiqueta de la que huimos sea la que utilicemos para definirnos. Si alguien nos dice que no nos quiere, asumimos que no somos «dignos de ser queridos» porque hemos adoptado la opinión de los demás sobre nosotros, y esto pone en marcha rápidamente toda una serie de comentarios internos autodestructivos.

Hablarnos a nosotros mismos de esta manera es muy perjudicial, por varias razones: puede consolidar aún más una creencia central, ya de por sí falsa («Han roto conmigo tres veces. Tiene que haber algo malo en mí»), puede anular nuestro poder y reducirnos a una mera etiqueta («No es solo que crea que soy lo peor, es que soy lo peor») y le hace saber a nuestro cerebro que el cambio no va a ser posible porque somos así («Siempre he reaccionado así, es mi forma de ser»).

Gran parte de mi familia rusa pensaba que yo era «demasiado»: demasiado franca, demasiado emocional, demasiado sensible; además, me lo hicieron saber. Me volví consciente de mi expresividad, y en las reuniones con amigos me preocupaba constantemente por si hablaba más de la cuenta o llamaba demasiado la atención.

Tenía *mucho* que decir, y a veces *era* tremendamente expresiva, pero siempre me temía que, en el fondo, mis amigos me consideraran insoportable. Empecé a callarme para no dejar al descubierto lo que yo misma creía que era: una persona odiosa, demasiado efusiva e intensa. Lo que empezó como una crítica de quienes se sentían incómodos con mi vulnerabilidad (por supuesto, entonces no lo sabía) se convirtió en un conjunto de pensamientos impulsados por el miedo que adopté como mi identidad.

CULTIVA LA ATENCIÓN PLENA

Cuando nos hemos identificado excesivamente con un pensamiento o una creencia, necesitamos la atención plena para interrumpir ese proceso de identificación excesiva. La práctica de la atención plena requiere no juzgar y un enfoque equilibrado de las experiencias negativas, tanto internas como externas. Cuando estamos atentos, no ignoramos ni exageramos nuestros pensamientos o emociones. Recuerda que, a pesar de la intensidad que un sentimiento puede crear en nuestro cuerpo, y de la facilidad con la que una mala autoimagen se nos queda grabada, se trata de estados pasajeros y transitorios. *No* representan, en absoluto, la totalidad de nuestro ser.

Cuando la mente funciona en automático, puede adoptar una actitud victimista. Por ejemplo, si descubres que un compañero de trabajo ha estado hablando mal de ti a tus espaldas, tu reacción podría ser embargarte de una emoción dolorosa, como la vergüenza o la ira. En cuestión de segundos, entrarás en una espiral sobre si se tomó mal lo que le dijiste durante una reunión de trabajo. En lugar de eso, haz que tu objetivo sea no darle importancia ni poder a lo que piensa de ti. En vez de tomarte a pecho sus habladurías, puedes elegir simplemente ser consciente del comportamiento de esa persona y no alterarte demasiado ni permitir que afecte a tu visión de ti mismo.

Nuestro monólogo interior se transformará cuando reconozcamos que nos tomamos a nosotros mismos (pensamientos, sentimientos, sensaciones) demasiado en serio. Pero no basta con comprender el concepto, también debemos encarnar la filosofía recordándonos que la voz interior negativa y las emociones difíciles pueden cuestionarse, ignorarse, reencuadrarse, observarse o aceptarse, que son todas ellas opciones a menudo mejores que fundirse con lo que pensamos o sentimos. Es poderoso saber que, al igual que el clima, no podemos controlar los fenómenos que produce la mente: a veces llueve, a veces nieva y a veces brilla el sol. Simplemente *es*. (Por favor, deja a un lado el pánico existencial sobre el cambio climático).

CONSEJO PRO: Suelta el «yo». Háblate a ti mismo en segunda persona diciendo: «Estás teniendo el pensamiento de que eres antipático». Tu cerebro es más objetivo en este estado y te da el espacio que necesitas para no convertirte en tus pensamientos o emociones.

AMPLÍA TU PERSPECTIVA

Toma una hoja de papel y divídela en tres secciones: *Situación*, *Sobreidentificación* y *Ojo de águila*. (Un águila vuela en lo alto del cielo y obtiene una imagen ampliada de la tierra que se encuentra debajo. Utiliza esto como forma de ayudar a tu cerebro a crear más espacio y objetividad. Cualquier otra ave también sirve).

Ahora, practica el reconocimiento de tu propia experiencia de sobreidentificación. Piensa en una situación reciente que te haya causado angustia. En la primera sección, describe la situación con detalle. En la segunda, los aspectos de la situación con los que te has identificado en exceso (como una creencia central o un miedo desencadenado) y cómo te hablas a ti mismo de ello. En la última sección, amplía la imagen para describir la situación desde un punto de vista objetivo.

Aquí tienes un ejemplo:

Situación: mi amigo no me contestó al mensaje cuando lo invité a quedar, lo cual es bastante raro en él. Últimamente, pasa mucho tiempo con un compañero del trabajo con el que solo he quedado brevemente un par de veces. Mi miedo a no ser lo suficientemente bueno se dispara y me pregunto si tal vez mi amigo no quiere seguir siéndolo desde que tiene una nueva amistad.

Monólogo interior con sobreidentificación: ha sido mi mejor amigo desde el instituto. Solíamos hacerlo todo juntos y ahora ha conocido a alguien en su trabajo y de repente apenas pasa tiempo conmigo. Su compañero de trabajo es probablemente más divertido que yo, ya que a menudo tengo problemas de ansiedad. Todavía no ha respondido a mi mensaje esta mañana y me temo que probablemente piense que ya no quiere ser mi amigo.

Punto de vista objetivo: se trata de mi mejor amigo y lo es desde hace casi diez años. Fuimos juntos a la universidad y siempre ha estado a mi lado para ayudarme. Salimos hace un par de noches y lo pasamos de maravilla. Aunque los dos estamos ocupados con el trabajo, hemos podido vernos bastante. Si no me contestó el mensaje, probablemente tenga una buena razón para ello, ya que no tengo ninguna prueba de que me haya abandonado sin más. También puedo alegrarme de que se lleve bien con alguien en su trabajo, porque sé que hasta ahora se sentía un poco aislado.

En este ejemplo, la persona está tomando fragmentos inocentes de su experiencia (su mejor amigo tiene un nuevo amigo y tarda en contestar los mensajes de texto) y extrapolando la información para construir un relato en el que se siente menos valorado en su amistad. En lugar de dejarse guiar por esto, le convendría dar un paso atrás y darse cuenta de que es normal que la gente busque nuevas amistades y de que un mensaje sin contestar no tiene por qué afectar tanto a su autoestima.

9. «No puedo dejar de pensar en esto»

Me sigo poniendo muy nerviosa cada vez que pienso que la mejor forma que tiene el cerebro de resolver lo irresoluble es rumiando la misma mierda una y otra vez.

Una de las funciones de los bucles de pensamiento es proporcionarnos una sensación ilusoria de control sobre una situación que, de otro modo, nos parece molesta, inacabada o incierta. El cerebro puede reproducir incansablemente situaciones pasadas y preocupaciones futuras, para intentar protegernos de la intolerable incomodidad de no saber.

Los bucles de pensamiento a menudo nos impiden aceptar la realidad de algo que quizá no nos sentimos preparados o dispuestos a aceptar todavía. Nos puede sentar bien entregarnos a los pensamientos repetitivos porque, de alguna manera, nos hace sentir que tenemos la capacidad de resolver, corregir, retroceder en el tiempo, reafirmarnos o tranquilizarnos. Pero eso es ineficaz y agotador.

Imagina el tiempo que ganaríamos si no repitiéramos interminablemente las conversaciones en nuestra mente o si dejáramos que una situación se desarrollara sin temer un resultado durante días... Yo creo que ganaría, como mínimo, tres años de vida.

DESPRÉNDETE

Recuerda que, para cambiar tus hábitos mentales, no basta con *comprender* que tus pensamientos no siempre son verdaderos ni te brindan una información útil. El reto consiste en *cambiar el hábito* de decirte cosas a ti mismo: aprender a pillarte de forma habitual en pleno bucle de pensamiento y cambiar de marcha.

Cuando te encuentres atrapado en un bucle cognitivo, puede resultarte útil preguntarte cuál es la función de la rumiación en ese momento. Los seres humanos solemos rumiar acerca de:

- Un problema que no siempre tiene solución.
- Una experiencia o comportamiento del pasado que nos parece no resuelto, incómodo o que desearíamos poder volver a experimentar para comprobar lo que hicimos o dijimos.
- Pensamientos que implican planificar o pensar por adelantado en cosas: detalles que nos preocupa olvidar de algún modo si no los pensamos una y otra vez.
- Preocupación por un acontecimiento futuro al que tememos o por el que estamos nerviosos.

Sin embargo, ya te habrás dado cuenta de que, en realidad, enredarse en bucles de pensamiento no sirve para arreglar nada de esto. Más bien al contrario, nos cansa y nos hace gastar una energía preciosa en sufrir, en lugar de practicar la aceptación y avanzar en nuestro día con menos ansiedad.

SALIR DE UN BUCLE DE PENSAMIENTO, PASO A PASO

Cuando notes que piensas en lo mismo una y otra vez, prueba a seguir estos pasos:

1. Etiqueta lo que está ocurriendo como «bucle de pensamiento» o «rumiación».
2. Anota todos los pensamientos que puedas. Guarda la lista para que, si ese bucle cognitivo concreto vuelve, puedas elegir leerla en lugar de repetirla en tu cabeza. Imagina que estás registrando los pensamientos que no quieres olvidar.
3. Reflexiona sobre la función del bucle en el que te encuentras. ¿Estás intentando protegerte de la incertidumbre o de algo potencialmente doloroso? ¿Estás satisfaciendo una necesidad con tus pensamientos? ¿Como la de sentirte escuchado o comprendido por algo que ocurrió en el pasado? ¿Hay un problema que intentas resolver?

4. Practica la aceptación de la realidad tal y como es. Si te cuesta soltar algo del pasado, dite a ti mismo: «Acepto que eso ocurrió», con un ánimo de comprensión de que no puedes cambiarlo. Si hay una incertidumbre que te cuesta aceptar, dite a ti mismo: «Acepto que la mayor parte de la vida es incierta».

5. Por último, ocúpate de hacer algo que tenga un propósito o sea agradable. Ocupar tu mente con algo en el presente que te llene te ayudará a salir del bucle.

6. Cada vez que notes que el pensamiento vuelve, recuérdate suavemente: «Ya he pensado bastante en esto. Seguir pensando no va a cambiar nada».

10. «No puedo...»

Querido lector, presta atención. Hay una expresión que utilizamos sin restricciones y que se cuela en la conversación con el sigilo de un gato que salta a tu cama para dormir a tus pies sin siquiera despertarte. Aquí tienes unas cuantas versiones de esta expresión que utilizamos despreocupadamente:

- No puedo hacerlo...
- No puedo entender por qué...
- No soy capaz de dejar de pensar en...
- No puedo ser...
- No consigo...
- No puedo imaginar...
- No puedo dejar de...
- No logro imaginarme cómo...
- No puedo dejar de sentirme culpable por...

No puedo. Nuestro uso casi inconsciente de esta expresión no escapa a nuestro inteligente cerebro. Una vez que registra tus palabras, la estructura cerebral responsable del significado hace una búsqueda en Google de la definición de *no puedo* e inmediatamente obedece tu orden.

A veces, estamos totalmente convencidos de que no podemos hacer algo. Dos frases habituales que oigo son: «He intentado dejar de pensar en eso, pero no puedo» y «Nunca podré superar esto». Fíjate en cómo, con un par de palabras, renunciamos a la responsabilidad de esforzarnos para que nuestra vida sea un poco más fácil y nuestra mente se tranquilice.

En las sesiones, no pierdo ninguna oportunidad de intervenir y decir: «*Puedes* hacerlo. Eres capaz de hacerlo», haciendo primero hincapié en el significado objetivo de la palabra, y preguntando luego a mi paciente qué es lo que realmente quiere decir.

DI QUE PUEDES

Cuando te sorprendas a ti mismo utilizando «no puedo» en tu monólogo interior, siente curiosidad por saber en qué momento tiendes a emplear esta expresión. ¿Es cuando piensas en el futuro o en el pasado? ¿Está relacionado con cuando tu autoestima o tu estado de ánimo son bajos? ¿Con qué frecuencia has limitado tus experiencias o tu crecimiento diciendo «no puedo» cuando eres más que capaz?

Acuérdate de afirmar lo que *puedes* hacer en la situación. Es verdad que en ocasiones la situación está fuera de tu control; sin embargo, ya has aprendido que no es así cuando se trata de hábitos mentales. Utilizar constantemente un lenguaje más flexible y positivo acaba dando forma a nuevas vías neuronales, de la misma manera que las fuertes lluvias que pasan por encima del lecho de roca crean finalmente surcos por los que corre un río.

DI LO QUE QUIERES DECIR

Recuerda que, muchas veces, «no puedo» lo que en realidad significa es «no quiero», «lo he intentado y no lo he conseguido», «no estoy preparado», «me parece muy difícil» o «me da mucho miedo».

Veamos algunos ejemplos. La letra *a* representa nuestra afirmación de *no poder*; la *b* será una de las muchas formas de decir lo que de verdad queremos.

a. No consigo olvidarlo/a.

b. Aún no he asimilado por completo el dolor de esa experiencia, por eso me cuesta imaginar que la supero.

a. No puedo estar con mis padres.

b. Quiero proteger mis límites emocionales y para ello prefiero no pasar tiempo con mis padres.

a. No puedo dejar de sentirme culpable.

b. Me cuesta ser indulgente con mis errores.

¡Tu turno! Sigue el formato anterior para formular cinco de tus propias afirmaciones habituales en las que utilizas la expresión *no puedo*. Recuerda que esta voz interior traicionera, por muy intrascendente que parezca, te roba el poder. Cuando tengas dudas, simplemente sustituye «no puedo...» por «me cuesta...».

11. «Debería...»

Soy muy exigente con el lenguaje en las sesiones de terapia. Prácticamente desde el principio, les pido a mis pacientes que suelten el escurridizo «debería» como una patata caliente. Tarde o temprano, la mayoría empieza a corregirse antes de que les gane la partida: no quieren volver a oír «el discurso». Les lanzo una mirada cómplice y un pulgar hacia arriba. Todo el mundo sale ganando.

El *debería* es un sujeto habitual que aparece en los comentarios internos; es el malo de la película que se hace pasar por un recordatorio para que hagamos o seamos algo:

- Debería estar más sano/ir al gimnasio/comer mejor.
- Debería ser más productivo/dejar de procrastinar.
- Debería ser capaz de salir adelante/hacer esto por mí mismo.
- Debería conseguirlo.
- Ya debería haber superado esto.
- Debería hacer más/menos (inserta el hábito deseado/indeseado).
- Debería ser más original/creativo/(inserta el adjetivo deseado).

Debería implica que hay una forma mejor de ser que como eres y que te mereces una crítica por no haber avanzado hacia el cambio. A menudo, las afirmaciones que comienzan por «debería» son idealistas e inalcanzables y nos hacen sentir más estresados, inferiores y culpables.

Intenta no darle demasiadas vueltas; por supuesto, a veces, «debería» es la forma más simple de transmitir tu opinión. Sin embargo, no está de más que seas más consciente de los casos en que la utilizas para machacarte o rumiar algo que no has hecho. En serio..., no deberías hacer eso.

DESPÍDETE DE LOS «DEBERÍA»

Examina las pruebas a favor y en contra de tu «afirmación de debería». Esta es una oportunidad para que compruebes hasta qué punto es verdad lo que dices. He aquí un ejemplo: «Ya debería ser mejor en esto». ¿Cuáles son las pruebas que indican que deberías estar más adelantado? ¿Según quién? ¿Qué te ha impedido ser mejor? ¿Existe una forma de conseguirlo sin atacarte a ti mismo?

Acepta tus defectos y tu humanidad. Por supuesto, hay muchos momentos en los que hacer algo de forma diferente nos habría hecho avanzar. Sin embargo, sería prudente recordar que no somos seres perfectos, lo que significa que no siempre actuaremos en nuestro propio interés, y eso forma parte de la naturaleza humana.

Suelta la vara de medir que utilizas. A menudo, el «debería» proviene de la comparación, y eso no significa negar la presión —social, familiar o de otro tipo— que pueda haber a tu alrededor, pero en última instancia, eres *tú* el que decide si está dispuesto o no a permitir que las experiencias, cualidades y defectos de otros se erijan en la norma que te dice cómo debes ser.

Deja a un lado la culpa y asume la responsabilidad. «Debería» implica que hemos hecho algo malo o incorrecto o que no hemos hecho lo suficiente o no somos lo bastante buenos en algo. Incluso si eso fuera así, ¿qué tendría que pasar para avanzar de una manera mejor? Si, de verdad, hay algo que queremos o necesitamos cambiar, la culpa nos restará poder. En su lugar, utiliza un lenguaje más motivador —como «quiero» o «tendré»— y observa el impacto de dejar de juzgar.

Sustituye el «debería» por un mensaje más productivo y realista. ¿Qué quieres decir realmente? Por ejemplo, podrías pensar: «Debería superar ya mi miedo». En lugar de eso, prueba a decir: «Es bastante normal tener miedo; estoy tomando medidas para ser más valiente. Lleva tiempo cambiar». Un enfoque más comprensivo hace maravillas.

12. «Después de haber fracasado no tengo moral para volver a intentarlo»

A veces contengo la respiración cuando un paciente, que aún no creía que fuera posible fracasar sin sentirse mal consigo mismo, me cuenta la historia de un riesgo que asumió y me dice que no tuvo éxito. Para muchos, estas historias son una prueba contundente que les previene de volver a intentarlo, incluso cuando les recuerdas el valor que tuvieron al atreverse a exponerse sin garantías de obtener un buen resultado. Pero piensa que nuestro crítico interior no surgió de la nada: nos han condicionado para que temamos el juicio de los demás y lo evitemos siempre que podamos.

Hablemos del tema principal de los *realities*: el fracaso sentimental. Es sabido que, por lo general, el mundo de las citas (al menos en Nueva York) puede ser un espectáculo desmoralizador; la cuestión es que, después de pasar por un cierto número de intentos, es muy difícil no empezar a interpretar los fracasos de las citas como fracasos personales. Al final, tanto mis clientes como mis amigos terminan diciendo: «Está claro que tengo que dejar de intentarlo, porque, o bien elijo a quien no debería, o bien la gente en la que me fijo no se interesa por mí». Quien más y quien menos, todos hemos pasado un sinfín de pruebas: citas de pesadilla, fantasmas impresentables y montones de rechazos. Yo llevo cinco años de fracasos en las citas por Internet, pero los guardaré para un libro de memorias.

Cada uno de nosotros tiene áreas particulares en las que hay mucho en juego, por ejemplo la imagen personal, y el margen de error entre el éxito y el fracaso es muy estrecho. Si nuestra autoestima está estrechamente vinculada a los resultados, nuestra capacidad para tolerar los fracasos será, seguramente, muy baja. Los pensamientos negativos inundan nuestra mente como una avalancha de lodo tras una lluvia torrencial, y las emociones dolorosas, como la decepción, la vergüenza, el miedo y el bochorno, se apoderan de nosotros. En lugar de reconfortarnos, nos centramos en lo mal que lo hemos hecho, en quién nos ha visto en este trance, en quién se enterará de que fracasamos, y nos juramos que nunca cometeremos el error de volver a intentarlo. Los seres humanos somos tan egocéntricos que creemos que a los demás les importan mucho nuestros defectos, cuando, en realidad, apenas nos prestan atención. Recuerda que, aunque el miedo a volver a fracasar puede ser desalentador, no merece la pena sacrificar el crecimiento personal que se produce solo cuando hacemos las cosas que nos asustan. Es mejor que sigamos la sabiduría de Beckett:

> *Vuelve a intentarlo. Vuelve a fracasar. Fracasa mejor.*
> —Samuel Beckett

CÓMO FRACASAR MEJOR

Prueba estas formas de evitar el miedo y cambiar tu relación con el fracaso:

Toma conciencia. ¿Cómo defines el fracaso? ¿Por qué temes volver a fracasar? ¿En qué has tenido éxito, por insignificante que sea? ¿Son razonables y realistas tus objetivos de éxito? ¿Hay alguna comparación o perfeccionismo en juego?

Amplía tu visión. ¿Importará tu fracaso cuando tengas noventa años y se te caiga la dentadura postiza al agacharte para regar las hortensias? ¿Importará incluso dentro de un año? ¿Los que te quieren te lo echarán en cara?

Normaliza el fracaso. En serio, todo el mundo lo hace. Fracasar puede parecer una experiencia solitaria, pero no lo es, en absoluto. Imagínate a los ocho mil millones de personas de todo el planeta fracasando a la vez en diferentes cosas.

Practica la compasión hacia ti mismo. Reconoce tu sufrimiento y ofrécete lo que necesitas en ese momento para aliviarte. Fracasar duele, y afrontar ese dolor con una actitud compasiva te ayudará a no renunciar a algo que es importante para ti.

Aprende del momento. ¿Qué has aprendido de tu fracaso? Pregúntate a ti mismo cada vez que algo no salga como quieres: «¿Qué puedo sacar de esto?».

Utiliza el diagrama de la página siguiente para ayudarte a navegar por la experiencia del fracaso.

Diagrama del fracaso

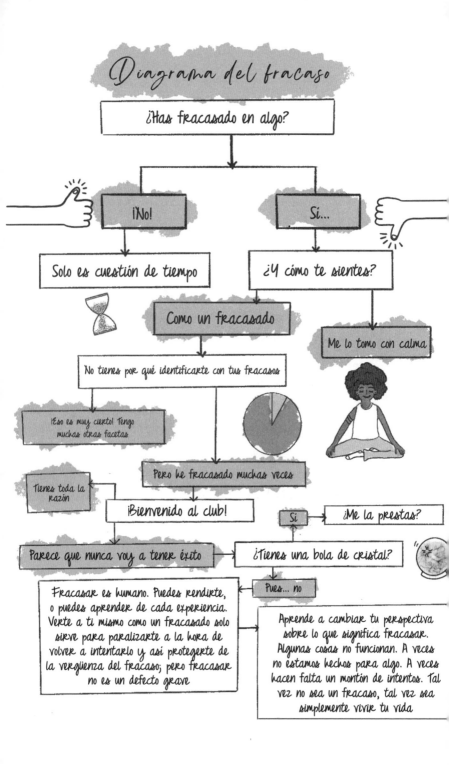

¿Has fracasado en algo?

¡No!

Sí...

Solo es cuestión de tiempo

¿Y cómo te sientes?

Como un fracasado

Me lo tomo con calma

No tienes por qué identificarte con tus fracasos

¡Eso es muy cierto! Tengo muchas otras facetas

Pero he fracasado muchas veces

Tienes toda la razón

¡Bienvenido al club!

Sí

¿Me la prestas?

Parece que nunca voy a tener éxito

¿Tienes una bola de cristal?

Pues... no

Fracasar es humano. Puedes rendirte, o puedes aprender de cada experiencia. Verte a ti mismo como un fracasado solo sirve para paralizarte a la hora de volver a intentarlo y así protegerte de la vergüenza del fracaso; pero fracasar no es un defecto grave

Aprende a cambiar tu perspectiva sobre lo que significa fracasar. Algunas cosas no funcionan. A veces no estamos hechos para algo. A veces hacen falta un montón de intentos. Tal vez no sea un fracaso, tal vez sea simplemente vivir tu vida

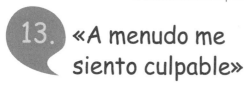

13. «A menudo me siento culpable»

Somos humanos: a veces, la cagamos.

Y con más frecuencia, *creemos* que la hemos cagado. Porque la mayoría de las veces, nuestra mente *exagera* la metedura de pata.

La culpa puede aparecer ya a los tres años, durante una etapa del desarrollo en la que empezamos a ser conscientes del yo (Luby *et al.*, 2009). La culpa es una emoción que sentimos cuando creemos o reconocemos que hemos hecho algo malo o perjudicial. La disonancia que sentimos nos empuja a corregir nuestro error y pedir disculpas o cambiar nuestro comportamiento para demostrar que entendemos lo que hicimos. Así que si te sientes culpable de vez en cuando, lo más seguro es que no seas un psicópata.

Una de mis queridas clientas, que sufre de culpa crónica, siempre bromea con lo que le decía su madre: que salió del vientre materno pidiendo disculpas. Quienes padecen de culpa crónica sufren erróneamente bajo la creencia o el temor de que su comportamiento ha hecho daño a alguien, o sobrestiman la responsabilidad que tienen por el mal que perciben. Independientemente de que exista una razón válida para sentirse culpable, el comportamiento puede ir desde el exceso de disculpas hasta la evasión, en gran parte debida al miedo a no ser considerado bueno. Cuando nuestro monólogo interior nos asegura que somos lo bastante buenos, no sentimos la misma necesidad abrumadora de demostrar nuestra bondad arrastrándonos o castigándonos indefinidamente.

SUÉLTALA

Probablemente nos hemos cansado de escuchar esta expresión (suéltala) en el estribillo de la canción *Let it go*[*] de la película *Frozen*. Sin embargo, es un mantra infalible que podríamos utilizar para lidiar con la culpa. Cuando hagas algo que no esté bien, permite que la culpa sea solo la emoción temporal necesaria para asumir la responsabilidad. Si te sientes culpable durante demasiado tiempo, esta emoción te impedirá emprender una acción reparadora: pasarás más tiempo culpándote a ti mismo que haciendo algo al respecto.

En caso de que *no* hayas hecho nada malo y sigas sintiendo culpa, aquí tienes un diagrama con las instrucciones que debes seguir:

---

[*] N. del T.: *Let it go* ('suéltala') es el nombre de la canción en inglés, aunque en castellano se tradujo como *Libre soy*.

Cómo liberarse de la culpa

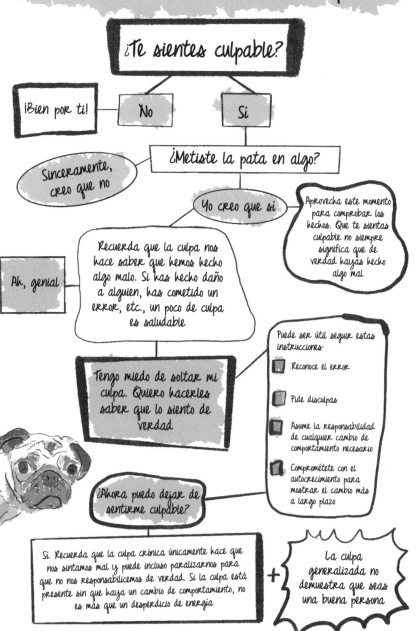

¿Te sientes culpable?

¡Bien por ti! — No

Si

¿Metiste la pata en algo?

Sinceramente, creo que no

Yo creo que si

Aprovecha este momento para comprobar los hechos. Que te sientas culpable no siempre significa que de verdad hayas hecho algo mal

Recuerda que la culpa nos hace saber que hemos hecho algo malo. Si has hecho daño a alguien, has cometido un error, etc., un poco de culpa es saludable

Ah, genial

Puede ser útil seguir estas instrucciones:

☐ Reconoce el error

☐ Pide disculpas

☐ Asume la responsabilidad de cualquier cambio de comportamiento necesario

☐ Comprométete con el autocrecimiento para mostrar el cambio más a largo plazo

Tengo miedo de soltar mi culpa. Quiero hacerles saber que lo siento de verdad

¿Ahora puedo dejar de sentirme culpable?

Si. Recuerda que la culpa crónica únicamente hace que nos sintamos mal y puede incluso paralizarnos para que no nos responsabilicemos de verdad. Si la culpa está presente sin que haya un cambio de comportamiento, no es más que un desperdicio de energía

+

La culpa generalizada no demuestra que seas una buena persona

14. «No me puedo permitir ser amable conmigo»

A menudo me pregunto: ¿cuándo pasó de moda ser amable con uno mismo?, ¿estuvo alguna vez de *moda*? Nos flagelamos con palabras críticas e implacables cada vez que creemos que no valemos nada. Si no hemos ido al gimnasio como dijimos que haríamos, somos perezosos e incapaces de comprometernos. Si defraudamos a nuestra pareja y esta expresa su decepción, nos cuestionamos si la merecemos. Si cometemos un error en el trabajo, somos estúpidos e inexpertos. Si tardamos en olvidar un amor, somos patéticos por seguir sufriendo. Para asegurarnos de sentirnos como una mierda, lo único que tenemos que hacer es seguir hablándonos mal.

Tanto si siempre has sabido lo mucho que te juzgas a ti mismo como si te acabas de dar cuenta, la falta de amabilidad hacia ti puede tener diferentes orígenes:

- Creemos que la bondad hacia uno mismo no será tan motivadora como la autocrítica.
- Creemos que nunca aprenderemos de nuestros errores si no nos criticamos.
- Nos han inculcado que no merecemos la compasión.

- Pensamos que si nos decimos algo malo a nosotros mismos primero, nadie más podrá decirnos nada que no sepamos ya.
- Encontramos consuelo en la familiaridad del lenguaje autocastigador.
- Nos da miedo mostrar nuestra vulnerabilidad al tratarnos con cariño.

Cualquiera que sea la razón por la que dejas la amabilidad fuera de tu monólogo interior, no esperes que tu mente te ayude a crear hábitos saludables o a fortalecer tu autoestima si estás ocupado castigándote a ti mismo cada vez que puedes. Tienes dos opciones: una te lleva a dar lo mejor de ti, la otra te mantiene hundido en la miseria. Es verdad que este es uno de los hábitos mentales más difíciles de superar, pero merece la pena.

SUGERENCIA DE LECTURA

Hazte con un ejemplar del libro *Mindful Self-Compassion Workbook* [Manual de autoamabilidad consciente], de Christopher Germer y Kristin Neff; Germer y Neff son pioneros en esta práctica, y gran parte de mi aprendizaje, y la base de estos ejercicios, se debe a que ellos han allanado el camino.

TRÁTATE CON CARIÑO

❝

La falta de perdón es la causa de casi todos nuestros comportamientos de autosabotaje.
—Mark Victor Hansen

❞

Durante años, los pensamientos negativos sobre mi cuerpo me acosaron sin descanso. Mi mejor amiga conocía bien mis problemas y a menudo intentaba ayudarme a bajar el volumen de mi crítica interior mostrándome —a mí y a mi cuerpo— un cariño incondicional.

El mayor regalo que me hizo fue su respuesta un día que dije algo deplorable sobre mis muslos. Con la reprimenda experta y juguetona de una entrañable maestra de primaria, me soltó: «¡Oye, no te atrevas a decir eso de mi mejor amiga!». Me quedé desarmada y mi cerebro tardó unos instantes en comprender la profundidad de lo que había dicho.

Las burradas que nos decimos a nosotros mismos cuando tenemos problemas, somos infelices o hacemos alguna tontería no son las que diríamos a nuestros seres queridos, ni siquiera a alguien que acabamos de conocer por Internet. Con los demás, somos comprensivos, los apoyamos y les damos razones convincentes para demostrarles que no tienen motivos para machacarse.

Para practicar la amabilidad hacia ti mismo, utiliza el siguiente ejercicio como plantilla para tus propios ejemplos personales:

PRACTICA LA AUTOAMABILIDAD

Piensa en una ocasión reciente en la que hayas sido especialmente duro contigo mismo. Saca tu diario y describe la situación. Luego escribe lo que tu voz interior crítica te dice sobre ella. Por último, describe cómo podrías replantear la situación con amabilidad.

Aquí tienes un ejemplo.

Situación: *estoy en una relación y mi pareja persigue su propósito y está en una trayectoria profesional con la que se siente muy feliz. En cambio, a mí no me gusta mi trabajo y no he encontrado nada que me haga feliz.*

Voz crítica: *ya debería haber descubierto lo que quiero hacer, pero la carrera que elegí en la universidad no sirvió para nada. Ni siquiera estoy a la altura de mi pareja y apenas puedo contribuir a esta relación. Estoy seguro de que ella piensa que soy perezoso y patético. Aborrezco mi trabajo, pero no tengo ninguna habilidad para hacer algo diferente.*

Replanteamiento amable: *estoy rodeado de personas que se esfuerzan por saber qué quieren hacer en la vida. Objetivamente no hay un calendario establecido que tengamos que seguir en nuestra evolución personal. Me siento agradecido por estar con alguien que está haciendo lo que le gusta, y eso es algo que puedo admirar en lugar de dedicarme a castigarme.*

Consejo de amabilidad sobre la marcha: *si te sientes enfadado, estresado, culpable, deprimido o abrumado, pregúntate: «¿Qué le diría yo a mi mejor amigo (o a mi mascota o familiar favorito) si esto le estuviera sucediendo a él?».*

15. «Yo soy así»

Podría decirse que el mayor reto como terapeuta es apoyar a alguien para que logre cambiar su *creencia central*, una creencia de identidad muy arraigada y fuertemente consolidada. Puede ser muy complicado enfrentarse a lo que alguien cree de sí mismo, ya que, normalmente, lleva años con ese condicionamiento, mientras que yo acabo de conocerlo (en mi opinión, se trata de un enfrentamiento muy desigual). Tengo algunos clientes que son de nivel olímpico a la hora de resistirse a cualquiera de mis intentos de refutar su verdad subjetiva. Esto se debe a que las visiones propias se mantienen debido a nuestra tendencia a quedarnos con las pruebas que confirman la creencia y a ignorar todo lo que la contradiga.

Las creencias centrales pueden influir negativamente en la forma en que interpretamos las experiencias vitales y lo que nos dice la gente. Se vuelven nocivas cuando las *aceptamos* como un hecho, sean o no ciertas. Si nos tomamos el tiempo necesario para explorar una creencia que tenemos sobre nosotros mismos (por ejemplo, «no soy bueno»), también podemos empezar a ver qué áreas de nuestra vida se han visto afectadas negativamente por ella (tal vez te esfuerzas por alcanzar una perfección inalcanzable y te rindes si crees que no puedes conseguirla).

Aquí tienes algunas de las creencias básicas más comunes. Si te resuena alguna, quiero que escuches esto alto y claro: solo son ciertas porque *has elegido* seguir creyéndolas.

Soy un fracasado.

Soy un perdedor.

No valgo.

No soy capaz de triunfar.

Soy un donnadie.

Soy invisible.

No sirvo para nada.

Soy estúpido.

Estoy solo.

Soy una carga.

No importo.

Soy un fracaso.

No merezco ser feliz.

No puedo hacerlo.

Soy insignificante.

Hay algo malo en mí.

Soy feo.

No puedo cambiar.

Soy inferior.

Soy desagradable.

Soy poco atractivo.

Estoy necesitado.

No me merezco el éxito.

Estoy mal de la cabeza.

No soy interesante.

No tengo solución.

Soy culpable.

Soy incompetente.

Voy a fracasar.

Soy débil.

No soy lo suficientemente bueno.

Soy una mala persona.

No merezco ser amado.

No soy suficiente.

No estoy seguro.

No soy especial.

Soy un desgraciado.

No valgo nada.

Soy inútil.

No estoy a la altura.

No tengo éxito.

No encajo en ningún sitio.

En caso de que aún no te hayas dado cuenta: todo esto son sandeces.

CREE ALGO DISTINTO

Aunque las creencias nos *parezcan* muy verdaderas, podemos cambiarlas cuando queramos porque, en última instancia, son percepciones creadas por la mente. Como no se nos enseña a cuestionar su lógica ni a explorar otras posibilidades de lo que podría ser cierto, las creencias echan raíces y se vuelven más difíciles de desenterrar cuanto más tiempo nos aferramos y nos atenemos a ellas. Al final, puede hacer falta una excavadora para arrancarlas.

En todo momento, somos capaces de creer algo distinto, especialmente cuando nuestra creencia nos perjudica y limita. Puede que al principio, mientras intentamos adoptar una mentalidad más comprensiva, tengamos la impresión de que nos estamos mintiendo. Eso es totalmente normal cuando estás en medio de un cambio de hábito, así que sigue practicando; con el tiempo, tu nueva verdad empezará a florecer.

CAMBIA TUS CREENCIAS

En este ejercicio, elige una de tus creencias básicas limitantes. A continuación, crea una nueva creencia central que te permita aceptarte a ti mismo y que sea verdadera (es decir, que no se base totalmente en percepciones propias sesgadas). Toma tu diario y utiliza el siguiente ejemplo para guiarte.

Experiencia: *voy a terapia y me estoy medicando para mi depresión, pero nada ha cambiado en mi vida sentimental. Parece que no puedo pasar de unas pocas citas porque no creo que nadie quiera estar con alguien que lleva tanto lastre encima. No puedo imaginarme conocer a alguien que realmente quiera compartir su vida con una persona que está tan jodida como yo.*

Creencia central limitante: *hay algo que falla en mí. Estoy destinado a estar solo.*

Nueva creencia central equilibrada: *soy imperfecto, como todos los humanos. Tengo depresión, pero estoy dispuesto a superarla. Duele sentirse rechazado, pero es probable que simplemente no haya conocido a la persona adecuada. Nadie merece estar solo, se necesita tiempo y suerte para conocer a tu persona.*

Recuerda que nuestras creencias fundamentales están demasiado simplificadas para que puedan estar totalmente respaldadas por pruebas objetivas; practicar este ejercicio te recordará que somos criaturas complejas que no pueden definirse lógicamente con uno o dos adjetivos cutres. Esto significa que cuando una creencia ya no nos sirva, podemos utilizar un enfoque más flexible para contemplar nuestra identidad en constante evolución.

16. «Si pudiera cambiar el pasado...»

Como un entrenador que reproduce una cinta del partido que su equipo acaba de perder para analizar lo que ocurrió en el campo, pulsamos el botón de rebobinado una y otra vez. Llega un momento en que no hay información nueva que podamos obtener reviviendo lo que sucedió y, sin embargo, sentimos el impulso de reproducir la situación una vez más.

Repasamos las conversaciones, tratando de asegurarnos de que no dijimos algo estúpido o incorrecto. Reproducimos las peleas, imaginando las diferentes formas en que deberíamos haber expresado nuestro enfado. Revivimos momentos de una relación que acaba de romperse, como si creyéramos que vamos a captar el momento que causó esta ruptura.

Por desgracia, debemos afrontar el hecho de que no podemos retroceder en el tiempo, por mucho que lo intente nuestro cerebro. Además del agotamiento de los maratones de rumiación, nuestros recuerdos se convierten en una fuente de culpa y arrepentimiento. «Rompió conmigo porque le pedía demasiado; sabía que era muy exigente», «Sonaba tan poco natural cuando me presentaba que probablemente pensaba que era un bicho raro».

A veces, hurgamos en el pasado para buscar pistas que no resuelven ningún misterio. Otras veces, tenemos miedo de pasar página, y creemos que seguir adelante significaría no encontrar nunca el cierre que buscamos. Desde una perspectiva evolutiva, tiene mucho sentido que nos devanemos implacablemente los sesos para buscar cualquier error de juicio que pueda poner en peligro nuestra supervivencia.

Por suerte, no tenemos que encontrar formas más ingeniosas de buscar bayas sin molestar a la temible fauna. Lo peor que nos puede pasar si elegimos el presente es que tendremos que afrontar las cosas tal y como son, y eso nunca es tan peligroso como parece, aunque no siempre sea agradable.

EMPÁPATE DEL PRESENTE

El presente es donde viven la satisfacción y la alegría, porque solo podemos experimentar plenamente estas emociones cuando les prestamos atención. Ningún viaje en el tiempo —especialmente cuando arrastramos una gran carga emocional— nos ofrecerá las respuestas, la seguridad ni el control que a menudo buscamos desesperadamente.

La siguiente práctica reforzará tus habilidades de atención plena; eso te ayudará a crear el hábito de ser cada vez más consciente de cuándo estás en el pasado.

VOLVER AL PRESENTE

Paso 1: busca un asiento cómodo. Túmbate si quieres, pero ten en cuenta que puedes quedarte dormido. Pon un temporizador para cinco o diez minutos.

Paso 2: cierra los ojos y respira lenta y profundamente, llenando el vientre y los pulmones. Trae a la mente algo que ocurrió en el pasado y que te sigue molestando o te mantiene estancado. Piensa en ello con detalle.

Paso 3: cuando hayas imaginado a fondo la situación, observa tu respiración, concentrándote en sentir el aire que entra en tu nariz. Cuando sorprendas a tu mente divagando, presta atención de nuevo a la entrada de tus fosas nasales.

Paso 4: de vez en cuando, fíjate en algún pensamiento acerca de la situación del pasado. Observa cualquier sensación corporal o emoción nueva que surja.

Paso 5: sigue practicando el cambio de consciencia, oscilando entre la respiración y los pensamientos del pasado. La práctica irá modificando poco a poco el hábito de quedarte atrapado hablando contigo mismo sobre los acontecimientos del pasado. Recuerda que para ayudarte en el proceso de volver al ahora siempre puedes confiar en la curiosidad, la aceptación y la compasión.

Deja de aferrarte al pasado y de mirar hacia el futuro; la paz solo existe en el presente

17. «No soporto la incertidumbre»

Siempre he tenido un proyecto de vida. A los trece años, tras dejar atrás mis sueños de ser payasa o actriz profesional, tuve la certeza de que quería ser psicóloga. Mis siguientes quince años estaban planeados: bachillerato, licenciatura, máster y doctorado en Psicología Clínica, título de especialista en tratamiento de trastornos alimentarios en adolescentes, casada a los veinticinco años con mi novio de la universidad, madre genial a los veintiséis, y con una consulta privada a los treinta.

Al final, las cosas siguieron un curso que no tenía nada que ver con ese enfoque perfeccionista de mi futuro, porque la vida tiene la habilidad de ponerlo todo patas arriba, te guste o no. Por eso desarrollé el hábito de obsesionarme con las minucias del futuro para compensar de alguna manera mi incomodidad ante la imprevisibilidad de la existencia.

Cuando miro hacia atrás, me doy cuenta de que lo que me salvó en mi trayectoria vital no fue sufrir durante años la ansiedad por lo desconocido ni los numerosos viajes mentales al futuro, sino una combinación de motivación, esfuerzo, oportunidad y suerte que influyó en el desarrollo de mi vida.

Dicho esto, al menos mis vivencias me convirtieron en una figura cercana para mis interacciones terapéuticas con los veinteañeros de hoy en día, que viven en un estado casi constante de ansiedad por diversas cuestiones que van desde la consecución de la independencia económica hasta la búsqueda de su propósito con un título universitario que consideran irrelevante. Hoy en día, gran parte de mis esfuerzos se centran en enseñarles habilidades destinadas a dejar de lado sus intentos desesperados de controlar lo incontrolable.

VOLVER AL AHORA

Cuando enseño mindfulness, la mayoría de mis estudiantes se preguntan cómo se puede estar presente en un mundo en el que son tan importantes los plazos, los preciosos y limitados días de vacaciones y la planificación de la jubilación. A veces adoptan un aire de «¿y ahora qué?», como si me hubieran pillado en una elaborada mentira. Les explico que no hay nada de *malo* en planificar, anticiparse o prepararse. Lo que ocurre es que, aparte de nuestros intentos, en gran medida inútiles, de tolerar y controlar la incertidumbre de la vida mediante un monólogo interior ansioso y orientado al futuro, debemos volver continuamente al presente para *disfrutar* de la vida que tanto nos preocupa.

Así que la próxima vez que te sientas demasiado atrapado en una conversación contigo mismo empapada de aprensión, anticipación, temor o simple preocupación, prueba a realizar una pequeña sesión de preguntas y respuestas con los siguientes ejemplos:

P: **¿En qué aspecto de mi vida estoy en el futuro?**

R: En el hecho de que me preocupa que mis próximas vacaciones en la playa se vean afectadas por la lluvia, así que no dejo de pensar en lo mal que lo pasaré si eso ocurre.

• • •

P: **¿Cuál es la *intención* de este estado mental?**

R: Tengo la impresión de que, al comprobar continuamente la previsión meteorológica, puedo controlar ligeramente mi ansiedad. La previsión del tiempo dice que va a llover durante parte de mi viaje, y espero que cambie cada vez que lo miro.

• • •

P: **¿Qué me estoy perdiendo por vivir en el futuro?**

R: No he podido sentirme ilusionado por mis primeras vacaciones en un año porque temo que el mal tiempo pueda arruinarlas por completo.

• • •

P: ¿Qué temo que ocurrirá si me olvido un poco del tiempo?

R: Parece que cuanto más lo miro, más probable es que el tiempo cambie. Si dejo de comprobarlo seguiré preocupándome de que llueva. Al menos, al comprobarlo, tengo algo de información.

● ● ●

P: ¿Cómo puedo conectar con lo que está ocurriendo *ahora mismo*?

R: Puedo reconocer que por mucho que mire una aplicación meteorológica no podré controlar si acaba lloviendo o no. Si eso sucede, tendré que aceptarlo, porque no voy a cancelar este viaje. Cada vez que tenga el impulso de consultar el tiempo, puedo hacer un ejercicio táctil con un objeto que esté a mi alcance. Lo utilizaré como una oportunidad para ser consciente de dónde estoy en este momento, no de dónde estaré dentro de una semana.

18. «Soy una mierda»

Tanto si nos llamamos a nosotros mismos utilizando un lenguaje explícito («una mierda» o «un tonto», por ejemplo) como si lo hacemos de una manera algo menos obvia, estos intentos de denigrarnos constituyen el mensaje más despreciable que podemos transmitirnos a nosotros mismos. Esto se debe a que la creencia de que somos «malos» se adentra en el territorio de la emoción posiblemente más dañina que existe: la vergüenza.

Brené Brown, investigadora y divulgadora especializada en la vergüenza, la define como el «sentimiento o la experiencia intensamente dolorosa de creer que tenemos algo que no está bien y que, por lo tanto, no somos dignos de ser aceptados ni de formar parte de la sociedad» (Brown, 2007, 5). La vergüenza puede ser la base de las creencias fundamentales; a la inversa, también puede ser una consecuencia de tener un hábito de autoculpabilidad y autocrítica sin control. La ira de la vergüenza nos convence de que somos intrínsecamente indignos, indignos de ser amados o inaceptables tal y como somos; nos hace temer que las cosas que hemos hecho o dejado de hacer nos desconecten de los demás o incluso nos impidan merecer la conexión.

La culpa crónica o intensa a veces enmascara la emoción más traicionera de la vergüenza. La vergüenza aparece cuando te señalas a ti mismo como culpable y permites que esa culpa se convierta en parte de lo que eres.

Brené Brown, Christopher Germer y Kristen Neff, todos ellos expertos en esta despiadada emoción, describen en su obra un par de verdades bien investigadas y útiles sobre la vergüenza. En primer lugar, esta no es en sí una emoción «mala», sino que surge de nuestro deseo profundamente arraigado (¡y muy humano!) de ser aceptados. En segundo lugar, sentir vergüenza es más común de lo que parece. Casi todo el mundo la siente en algún momento. Pero, al final, no es más que una emoción, y todas las emociones son temporales (Germer, 2009; Neff y Germer, 2020).

La vergüenza es tan potente porque activa fuertemente nuestro sistema nervioso y nos impulsa a realizar cualquier acción que alivie la sensación de aislamiento. Por desgracia, muchas de esas acciones adoptan la forma de autocastigo, autojuicio, evitación e incluso autolesión. Cuanta más vergüenza sentimos, más queremos escondernos (o, a veces, arremeter), lo que no hace sino magnificar el dolor de la soledad creada por nuestra percepción de «indignidad» y «no pertenencia». No voy a restar importancia al inmenso reto que supone cambiar nuestra relación con la vergüenza, pero cuando aprendamos a ser más resistentes a ella, experimentaremos una conexión más auténtica con nosotros mismos y con los demás.

PRACTICA LA COMPASIÓN

Para tener compasión por alguien, debemos ver que está sufriendo, expresar nuestra comprensión del dolor y sentirnos impulsados a aliviarlo (aunque no podamos). Tener compasión significa también aceptar el sufrimiento como parte de la naturaleza humana. Y también es posible dirigir esa energía amorosa hacia nosotros mismos cuando tenemos dificultades, notamos algo que nos desagrada de nosotros mismos, sentimos emociones difíciles o nos encontramos en un estado de angustia o malestar (Germer, 2009).

Para practicar la compasión hacia nosotros mismos, debemos dedicar unos momentos a reconocer nuestro dolor y a preguntarnos cómo podemos reconfortarnos y cuidarnos en ese momento. Con un enfoque más equilibrado y amable, nuestra mente se siente más segura para adoptar creencias más realistas sobre lo que somos.

Desechemos aquí un mito infundado: la práctica de este tipo de compasión no tiene nada que ver con la autocomplacencia o con sentir lástima por uno mismo ni nos libera de la responsabilidad si hemos hecho algo malo o perjudicial. Por el contrario, proporciona una especie de entorno de contención para nuestro dolor y humanidad, que fomenta la motivación para actuar por amor propio en lugar de por autodesprecio. Esto se debe a que un sistema nervioso activado (cuando estamos avergonzados) tiende a paralizarnos, mientras que un sistema nervioso desacelerado (cuando se practican la compasión y la atención plena) fomenta un estado mental más orientado a la acción.

Para mí, la práctica de la compasión consiste en cultivar una energía que emana de nuestro espacio del corazón. Puede ser útil imaginar la sensación de ternura y calidez al acunar a un bebé (o a cualquier otra especie animal adorable que prefieras) y ofrecerte esa misma energía a ti mismo. Intenta no quedarte atrapado en si «mereces» o no esa compasión; simplifica las cosas y elige practicarla *cada vez* que te sientas herido.

CÓMO AFRONTAR LA VERGÜENZA DE OTRA MANERA

Así que... ¡ha llegado el momento de enfrentarse a la vergüenza! La próxima vez que reconozcas que te sientes «avergonzado», sigue los pasos de este ejercicio. Para practicar, elige un momento en el que hayas experimentado esta emoción dolorosa.

1. Etiqueta tu estado de pensamiento y emoción como vergüenza cuando te sorprendas pensando que hay algo malo en ti o sintiéndote expuesto de alguna manera. Dite a ti mismo: «Esto es vergüenza. Ahora mismo estoy avergonzado».

2. Observa cómo sientes la vergüenza en tu cuerpo y en tu mente. ¿Cómo se siente tu cuerpo cuando está avergonzado? ¿Qué es lo que quieres hacer al sentirte así (por ejemplo, gritar, esconderte, castigarte)?

3. Normaliza la vergüenza como una emoción que sienten la inmensa mayoría de los seres humanos. La vergüenza puede empujarte a castigarte. Dite a ti mismo: «Siento vergüenza porque tengo un deseo natural de sentir pertenencia, aceptación y amor».

4. Coloca una mano sobre tu corazón (esto activa la oxitocina, la hormona del amor, y el sistema de atención, que combate el sistema nervioso activado). Dite a ti mismo: «Recuerda que eres digno. Recuerda que te mereces ser amado. Recuerda que eres humano» (Germer y Neff, 2020).

5. Habla de tu vergüenza. La vergüenza crece en la oscuridad, así que si tienes a alguien que pueda escuchar y ver tu experiencia sin juzgarla, hablar puede transformar el dolor (Brown, 2000).

Esta es la cara que pongo siempre que te oigo hablar mal de ti mismo; por si no lo sabes, ¡eres extraordinario!

19. «Lo bueno dura poco»

Aunque *es* cierto que todo es efímero, lo malo es que esto nos lo decimos mientras esperamos a que suceda alguna tragedia. Esta es una creencia central que invita al pesimismo y nos hace temer una decepción o un rechazo inevitables. Cuando ocurre algo bueno, estamos tan nerviosos que no somos capaces de disfrutarlo. Incluso aunque nos tomemos un momento para reconocer lo positivo, tendemos a dar excesiva importancia a los aspectos negativos. No queremos confiarnos ni relajarnos demasiado. Para evitar el sufrimiento por algo que *puede o no suceder* en el futuro, elegimos el monólogo derrotista, y esto lo que hace es *garantizar* el sufrimiento en el presente y convertirnos así en unos auténticos aguafiestas.

Después de que la novedad de las aplicaciones de citas se desvaneciera a principios de mi veintena, mis amigos y yo nos fuimos hastiando poco a poco de nuestra vida amorosa. Ya no «salíamos» por ahí, sino que directamente «quedábamos» para encontrarnos con alguien. Nos burlábamos de la idea de emocionarnos remotamente ante la perspectiva de dicho encuentro; siempre teníamos apodos para la gente con la que salíamos porque usar su nombre real implicaría la posibilidad de una relación, y no podíamos arriesgarnos a creer que eso pudiera llegar a alguna parte.

Con independencia del ámbito en el que nos desenvolvamos, muchos desarrollamos esa misma actitud pesimista y derrotista hacia nuestras carreras, amistades y esfuerzos de creación de hábitos. Nuestra hipervigilancia al anticipar la siguiente desgracia nos priva de la capacidad de enorgullecernos o alegrarnos del momento que estamos viviendo.

Algunas personas con las que he trabajado viven en un estado perpetuo de desmoralización. Es como si vivieran bajo el peso de una profecía que inevitablemente se cumple y que les resulta familiar y (casi) reconfortante. Acuden a mí aquejadas de depresión o ansiedad, y en muchas ocasiones, la historia inicial es que llevan demasiado tiempo asegurándose de no bajar la guardia. No se dan permiso para deleitarse temporalmente, y por ello sufren las consecuencias de vivir en una burbuja de descontento creada por sí mismas.

DISFRUTA MIENTRAS DURE

Hay una diferencia entre aferrarse a un sistema de creencias defectuoso que nos dice que nada bueno durará (*para nosotros*) y reconocer que nada bueno durará porque la vida es en esencia cambiante. En el primer caso, podríamos vivir en una sensación de miedo o impotencia perpetuos, mientras que en el segundo simplemente aprendemos a no aferrarnos a la perspectiva de que lo bueno dure para siempre. Esto significa que reconocemos que las decepciones y las desilusiones forman parte de la vida, pero ya no tenemos tanto miedo.

Recuerdo que cuando aprendí el concepto de lo efímero, sentí un inmenso alivio ante la idea de que no tenía que aferrarme a ninguna experiencia con la expectativa de que me proporcionaría felicidad para siempre. Aprendí no solo a proporcionarme constantemente mi propia felicidad, sino también a no dejar de deleitarme con lo positivo sin importar lo que durara. Agradecí los momentos que me hacían sonreír o sentirme en paz, aunque solo fuera por un rato.

Aunque el sufrimiento es inevitable, tampoco es permanente. Hay que ser valiente y exponerse para disfrutar de las cosas buenas tal y como vienen, sin prepararse constantemente para su final. Quiero resaltar un hecho importante, y es que a algunos se nos ha enseñado desde una edad temprana a esperar la llegada de la siguiente desgracia, porque volvernos demasiado complacientes habría puesto realmente en peligro nuestra seguridad. Si ese *es* tu caso, espero que te esfuerces por conseguir esa seguridad y que poco a poco te des permiso para saborear los buenos momentos.

Podemos empezar a deleitarnos primero con las cosas más pequeñas antes de trabajar en los asuntos más importantes. Podemos poner nuestra canción favorita y bailarla antes de empezar la jornada, notar la buena sensación de mover nuestro cuerpo y liberar la energía atascada. Podemos celebrar el logro por cada día que hayamos mantenido una planta viva. En mi trabajo, recuerdo a los clientes que sufren ataques de pánico que celebren cuando pasan una semana sin uno, que entrenen su mente para que aprenda a creer que puede durar y que confíen en que se las arreglarán si no es así.

FÍJATE EN LO BUENO

Escribe una frase sobre algo que vaya bien en tu vida en este momento. No dudes en apreciar tu buena salud, a una nueva amistad que acabas de conocer o una nueva chaqueta vaquera que te pones a diario porque te hace sentir bien. Puede ser algo tan sencillo como: «He estado bebiendo café recién hecho casi todos los días de mi taza favorita» o «Me he enamorado de mi vecino».

Define y escribe una versión más amplia y lúdica del término _bueno_. Para mucha gente, las «cosas buenas» se refieren a cuestiones importantes como tener una relación o conseguir una entrevista para el trabajo que desean. Basándonos en nuestra nueva perspectiva, «lo bueno» se refiere ahora a cualquier asunto que nos aporte vibraciones positivas.

Escribe y lee en voz alta las declaraciones de intención que te resuenen. Pueden ser más generales: «Celebraré al menos una cosa positiva a diario, sin importar el tiempo que dure». O más específicas: «Me permitiré sentirme feliz por estar embarazada después de haber sufrido un aborto».

Practica el agradecimiento por la existencia de algo bueno que ha encontrado la manera de permanecer en tu vida. Pueden ser un par de calcetines especialmente resistentes que has conservado durante años: «Gracias, calcetines, por seguir manteniendo mis pies calentitos, sin agujeros».

Recuerda tu capacidad de adaptación. Si tienes miedo de relajarte demasiado, recuérdate que sobrevivirás incluso cuando lo bueno se acabe. Además, lo bueno volverá a aparecer.

Tenemos que ser creativos en un mundo que encuentra formas de acabar con nuestras buenas vibraciones. Se necesita práctica para aprender a prestar más atención a las experiencias positivas de la vida, ignorando la voz abatida que nos dice que se acabarán inevitablemente. Pronto tu mensaje interior cambiará de «nada bueno dura» a «algunas cosas buenas sí duran, y no tengo que vivir temiendo que acaben».

20. «Soy una persona negativa»

Qué bueno que hayas llegado a la mitad de este libro: ¡todavía hay esperanza para ti! Incluso si tienes el hábito de ser un poco aguafiestas, al calificarte a ti mismo como «una persona negativa» conviertes ese rasgo en tu identidad total, y estoy convencida de que ya vimos que eso no era así, en un capítulo anterior.

A pesar de haber estudiado durante años los hábitos de la mente y de haber convertido el monólogo interior en una prioridad en mi propia vida, nadie es inmune a la naturaleza de la mente humana. Sin embargo, me enorgullece decir que he aprendido a alejar la mayor parte de la negatividad como una mosca posada en una rodaja de sandía, y aunque no ha sido un camino fácil, me encantaría que disfrutaras los beneficios de desarrollar un cerebro resistente a la negatividad.

¿Recuerdas cómo nuestro cerebro está diseñado para anticiparse y responder a cualquier amenaza potencial de lesión o muerte? En los tiempos modernos, el mismo circuito ancestral escanea ahora su propio contenido y entorno en busca de amenazas emocionales y existenciales. Esto significa que la mente se asegura de que nos pasemos la vida acojonados por cosas que, literalmente, no pueden dañarnos.

Una distorsión cognitiva llamada *filtrado negativo* toma la información y hace que nos centremos excesivamente en los aspectos que nos hacen sentir fatal, a menudo descartando otros aspectos favorables. En esencia, distorsionamos la realidad de lo que oímos y la procesamos a través de un sistema de filtrado deteriorado y enmohecido, y nos convencemos de que esa mugre asquerosa es la verdad definitiva sobre nosotros, los demás y la vida misma. La gravedad de nuestro filtrado negativo está en un espectro; hay gente que se recupera rápidamente de un momento de duda sobre sí misma y otra que pasa casi todo su tiempo libre en diversos estados de negatividad interiorizada o exteriorizada, como el resentimiento, la amargura, el autodesprecio, la rabia, la autocompasión, el autorreproche, cualquier cosa que duela.

Las personas crónicamente negativas suelen irritarse o ponerse de mal humor con facilidad y les cuesta encontrar una sensación de paz en cualquier situación. Los que se quejan o insisten en los aspectos negativos de una situación o de sí mismos, sin tener perspectiva, limitan su propio potencial para experimentar la positividad y la felicidad.

Veamos un ejemplo sencillo: todos sabemos lo que es salir a comer a un restaurante. Puede que la compañía sea estupenda y la comida muy sabrosa; puede que hayas reservado con semanas de antelación una mesa en un local que tenías muchas ganas de conocer. Lo pasas muy bien, pero desgraciadamente, en algún momento de la noche, un amigo que se suponía que iba a acompañarte te envía un mensaje de texto para decirte que tiene que quedarse en casa. En lugar de recordar una velada agradable en la que has disfrutado con tus seres queridos, tal vez vuelvas a casa y envíes un mensaje de texto a todos los que estuvieron en la cena en el que les cuentes lo mucho que te molestó que tu amigo cancelara la invitación en el último momento y les comentes que no sabes qué pensar de esa amistad. Aunque tus amigos intentan asegurarte que no pasa nada y ayudarte a cambiar de perspectiva, tu mente insiste en centrarse en lo que no salió como esperabas.

CAMBIA EL FILTRO

Si estás preparado para dejar de lado todo este asunto de la negatividad, hay dos afirmaciones que debes empezar a vivir y respirar cada día. Repite conmigo:

1. No me sienta bien centrarme en lo negativo, ya sea dirigido a mí mismo o al exterior.
2. Me comprometo a entrenar mi mente para que deje de hablar de lo negativo porque quiero sufrir menos.

Vivir según estas verdades me ha motivado a practicar a diario y ha transformado radicalmente la forma en que me veo a mí misma y al mundo que me rodea. Incluso cuando mi mente se fija momentáneamente en las preocupaciones sobre nuestro planeta o me dice que no he sido lo suficientemente buena terapeuta después de una sesión, mi reacción ahora es ser consciente de mis vibraciones negativas en lugar de consentirlas.

DESHACERTE DE LA NEGATIVIDAD

Puedes utilizar las habilidades que has aprendido hasta ahora para abordar la negatividad crónica, pero aquí hay algunas cosas más que puedes probar cuando la negatividad asoma su horrenda cabecita:

1. Observa cualquier negatividad en la mente. Identifica el pensamiento, la emoción y la sensación corporal que surgen.

2. Identifica hacia dónde se dirige la negatividad y reflexiona brevemente sobre por qué has tenido esa respuesta. Deja la introspección más profunda para una gran sesión de terapia. (¡Nos encantan esas cosas!).

3. Cuando la negatividad se apodere de ti, dirige tu atención a tu entorno y hazte algunas preguntas sobre lo que ves (por ejemplo, mientras notas tu impaciencia durante la espera en una larga cola, puedes sentir curiosidad por saber de dónde ha salido el tipo que tienes delante antes de llegar allí). Sé creativo con tu capacidad de asombro, y verás cómo te sientes más ligero al soltar ese filtro de negatividad.

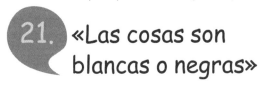

21. «Las cosas son blancas o negras»

Puede que el grupo de los noventa O-TOWN lo dijera mejor con su famosa letra *Cause I want it all, or nothing at all,*[*] aunque no sabían que nos estaban mostrando un patrón habitual que solemos llamar pensamiento en blanco y negro, o de todo o nada, y que consiste en ver las cosas en extremos. Si pensamos que alguien es totalmente bueno o malo, por ejemplo, nos costará tener en cuenta su humanidad cuando se equivoque inocentemente o nos haga daño. O si hacemos de ir al gimnasio una experiencia llena de presión, nos arriesgamos a oscilar entre la obsesión por el entrenamiento o no ir nunca.

Estos fallos cognitivos no son intencionados, pero intentan protegernos de cualquier zona gris, que nos crea una sensación de limbo en la que podemos vernos obligados a enfrentarnos de verdad a las cámaras más inexploradas o incómodas de nuestra mente. Para muchos de nosotros, nuestra mentalidad de «todo o nada» y nuestra forma de hablarnos a nosotros mismos funcionaba como una manera de delimitar categorías claras que daban sentido a situaciones imprevisibles y creaban una sensación de protección frente a situaciones que,

---

[*] N. del T.: Porque lo quiero todo o nada.

de otro modo, parecían poco claras o inseguras. Aquí verás algunas áreas familiares en las que muchos mostramos un pensamiento dicotómico –idealizar una cosa y denigrar completamente otra– y cómo puedes abordar esas mismas áreas con una lente gris.

CONVERTIR EL BLANCO Y NEGRO EN GRIS

- Considerar ciertos alimentos como buenos o malos. ➤ La comida es un combustible.
- Considerar nuestro cuerpo como bueno o malo. ➤ Cada cuerpo es diferente; nuestra valía no está determinada por nuestro cuerpo.
- Pensar en las personas como buenas o malas. ➤ Nadie es del todo bueno o del todo malo; hay muchos factores que influyen en la personalidad y el comportamiento de la gente.
- Acusar a nuestros seres queridos de hacer o dejar de hacer algo «siempre» o «nunca» cuando se pelean o se enfadan. ➤ Son humanos y a veces hacen cosas que no me gustan, pero los quiero igualmente.
- Ideologías sectarias y excluyentes. ➤ Los seres humanos crecen cuando se aceptan unos a otros.
- Creer que somos un fracaso. ➤ Somos mucho más que nuestros resultados.

- No obtener un sobresaliente es como obtener un suspenso. ➤ Los sistemas de calificación arbitrarios no nos definen.
- Descartar cualquier buena cualidad cada vez que te enfrentas a un defecto. ➤ Tener un defecto es propio de la naturaleza humana, y no significa que no tengas también buenas cualidades.
- Interpretar que alguien está molesto contigo como si te despreciara por completo. ➤ La mayoría de la gente puede sentir una emoción negativa hacia ti sin atribuirla a todo tu ser.

Cuando pensamos en blanco y negro, también podemos tener problemas para perdonar los defectos o el comportamiento imperfecto al reconocer la naturaleza humana. El pensamiento de todo o nada reduce nuestra perspectiva, haciéndonos menos flexibles psicológicamente y más defensivos.

RESALTAR EL GRIS

Aunque sé que el blanco y el negro siempre están «de moda», voy a desafiarte a que elijas una moda diferente. Primero tenemos que identificar este patrón como un pensamiento defectuoso. Una vez que seamos conscientes del lenguaje que utilizamos cuando estamos en un estado de todo o nada, podremos practicar la búsqueda del gris. Practicar los siguientes pasos nos ayudará con el tiempo a no quedarnos atrapados en ciclos de idealización y devaluación, lo que nos permitirá sostener múltiples verdades como válidas al mismo tiempo.

1. Cambia «siempre» y «nunca» por «a veces». Intenta eliminar por completo los términos extremos.

2. Recuerda que una situación puede verse de más de una manera y que un problema puede resolverse de varias formas. Las múltiples verdades no tienen por qué ser mutuamente excluyentes. Por ejemplo, un compañero puede mentirte y seguir siendo una buena persona. Podemos sentir que no tenemos ganas de hacer algo y aun así elegir hacerlo o sentir miedo y aun así hacer lo que nos asusta.

3. Observa cualquier tensión en tu cuerpo cuando tu mente está en modo «todo o nada». En este estado irracional, somos propensos a tomar decisiones impulsivas. Tómate unos minutos para estirarte, tumbarte en una esterilla de acupresión o utilizar un rodillo de gomaespuma. Liberar la tensión

física para desregular tu sistema nervioso te ayudará a frenar tu reactividad.

4. Escucha más bandas de chicos y busca ejemplos de monólogo interior negativo en las letras de las canciones.

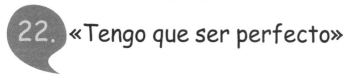

22. «Tengo que ser perfecto»

Por favor, no te lo tomes como algo personal, pero nunca vas a ser perfecto, así que veamos cómo podemos desprendernos de esta forma de hablar de nosotros de una vez por todas. Nuestro deseo de parecer perfectos a los ojos de los demás puede ser consecuencia de habernos criado en un hogar con altos niveles de exigencia o en el que el amor y la aprobación no se daban incondicionalmente. La perfección nos hacía ganar atención o afecto y, en otros casos, nos protegía del castigo o el rechazo. Algunos perfeccionistas buscamos la sensación de tener el control, creyendo que «lo perfecto» equivale a «lo seguro y predecible».

Sea cual sea el origen del sistema de creencias, todo ser humano ansía sentirse valorado. Esto puede producir una sensación constante de que nos falta algo, lo que nos impulsa a intentar llenar ese vacío. Cuando sentimos que nos falta algo —que no somos lo suficientemente inteligentes, interesantes, etc.—, nos esforzamos por compensarlo para demostrar que somos dignos de pertenecer y ser aceptados.

Lo que nos fastidia es que estamos destinados a fracasar, porque la perfección es inalcanzable. Describir algo como «perfecto» implica que no tiene fallos ni defectos. En lo que respecta a las personas, esto es imposible, todo el mundo es inherentemente imperfecto por naturaleza. Además, la perfección es totalmente subjetiva, con lo cual no es posible alcanzarla porque los baremos siempre están cambiando. Cuando no conseguimos estar a la altura de nuestros estándares de perfección, inevitablemente se produce una autocrítica excesiva, que a menudo afecta a nuestra autoestima y nuestro sentido del valor personal.

Supongo que existen raras excepciones. Una vez me puse poética con una clienta que se despreciaba a sí misma, intentando convencerla de que la imperfección es algo intrínsecamente humano.

—Nadie conseguirá la perfección jamás —afirmé.

Me miró fijamente a los ojos y me preguntó a bocajarro:

—¿Y Beyoncé? ¿Me estás diciendo que Beyoncé no es perfecta?

Vaya. Ahí me pilló.

ACEPTAR TU YO IMPERFECTO

Para el resto de nosotros, simples mortales, puede ser doloroso enfrentarse a que quizá nunca alcancemos la perfección en un esfuerzo por superar la vocecita que dice «no soy lo suficientemente bueno». Lo que hacemos es buscar consuelo en la evasión. Yo procrastinaba la escritura porque sabía que tenía tendencia a quedarme bloqueada durante horas, acosada por una necesidad compulsiva de arreglar una frase hasta que pareciera «perfecta». Tenía miedo de que, si no era capaz de lograr una «escritura perfecta», de ofrecer unos «ejemplos perfectos» y unos «ejercicios perfectamente únicos», me verían como una escritorcilla que había escrito un libro de autoayuda del montón.

Dejar de lado nuestras tendencias perfeccionistas significa soltar el control que *creemos* tener sobre cómo nos perciben o perciben nuestros comportamientos los demás. Podemos examinarnos a nosotros mismos mediante un diálogo introspectivo: «¿Necesito ser perfecto para ser digno de amor y merecer la pena?» «¿Hay alguien que me encuentre totalmente aceptable a pesar de mi imperfección?» o «¿No es suficiente con que este libro ayude a una sola persona?».

Dejar de lado los comportamientos ligados a la zona de confort es difícil, así que voy a tener que ponerme en plan mandona: no tienes más remedio que empezar a aceptarte tal y como eres. En lugar de perpetuar el ciclo de sentir que has fracasado o que nunca serás lo suficientemente bueno, te ruego que modifiques radicalmente esta filosofía eligiendo saber que dar lo mejor de ti en cada momento *es* suficiente. Técnicamente, la forma en que nos comportamos o manejamos la vida en un momento dado *fue* lo mejor que podíamos dar de nosotros mismos; no hay forma de volver atrás en el tiempo. Debemos aprender a aceptar incondicionalmente nuestra realidad y a hacerlo radicalmente, es decir, sin juzgar, aceptando las cosas como son, no como queremos que sean.

APRENDER A SER LO SUFICIENTEMENTE BUENO

Repite conmigo: «Acepto que la perfección es inalcanzable». Relajar los músculos faciales y el resto del cuerpo mientras practicas las afirmaciones de aceptación ayuda a disolver cualquier resistencia. Repítelas lentamente unas cuantas veces antes de emprender una autorreflexión consciente. Como siempre, te animo a que hagas este ejercicio en papel.

¿Qué significa «perfecto» para ti? ¿Qué apariencia tiene la perfección cuando la has alcanzado?

¿Qué te da miedo de no ser perfecto?

¿De quién es la definición de perfección por la que te guías? ¿Por qué?

Rellena el espacio en blanco (elige tantas palabras como quieras): «No soy lo suficientemente_____».

Escribe formas más neutras y positivas de ver tus imperfecciones.

¿Qué cambiará para bien cuando dejes de lado tu necesidad de ser perfecto?

¿Cuáles son las formas más autocompasivas de hablar contigo mismo cuando sientas que no eres lo suficientemente perfecto?

Pregúntate: «¿Le diría a mi yo más joven que tenía que ser perfecto para que pudiera quererlo y apreciarlo?».

Termina leyendo las siguientes afirmaciones. Escríbelas en un papel que puedas pegar en tu espejo o en algún lugar donde las veas todos los días. Practica su lectura a diario para que se conviertan en tu nueva verdad.

Acepto que soy imperfecto.

Soy imperfecto, y no pasa nada.

Soy suficientemente bueno. «Suficientemente bueno» es suficiente.

Acepto que Beyoncé puede ser la única excepción a la regla.

23. «Todos son mejores que yo»

Admitámoslo: la comparación es un juego perverso en el que siempre salimos perdiendo.

La presión social, los hitos siempre cambiantes del desarrollo y la continua exposición a las vidas de nuestros pares debida a la tecnología han deformado nuestra realidad y empeorado la percepción de nosotros mismos. Tendemos a comparar nuestra peor versión con la mejor versión que percibimos de aquellos en los que nos fijamos. Vemos una foto en las redes y nos criticamos por no valer tanto, por no ser atractivos, por no haber alcanzado aún determinados objetivos o por cómo vemos nuestro cuerpo: las opciones de comparación son infinitas. La creencia en nuestra insuficiencia envenena nuestra autoimagen.

¿Cuánto tiempo llevas sufriendo, deseando aspectos de la vida de los demás mientras descuidas la tuya? Idealizamos estilos de vida y personas, aunque no conozcamos bien su realidad. Siempre encontraremos a alguien que tenga algo de lo que nosotros carecemos, pero el problema surge cuando permitimos que la comparación nos desvalorice por medio de un discurso derrotista y destructivo. La comparación nos mantiene estancados haciendo que nos centremos en lo que no nos gusta de nosotros y de nuestra vida. Nos decimos cosas como:

Ojalá me resultara tan fácil como a los demás, ellos no tienen ni que intentarlo. Nunca ganaré tanto dinero.

Me faltan sus agallas y su capacidad de compromiso. Es una mierda ser siempre el único sin pareja en las reuniones.

Ya debería tenerlo todo resuelto, como otros a mi edad.

Si no fuera tan vago, ya habría alcanzado el éxito. Si tuviera un cuerpo como ese, las citas serían más fáciles.

Ojalá tuviera un grupo de amigos íntimos como ellos. Seguro que se lo pasan en grande.

No tengo sus habilidades para llegar a donde quiero en la vida. Nunca tendré tanto éxito como ella.

Envidio su estilo de vida/riqueza/cuerpo.

Te aseguro que malgastar una preciosa energía vital en cualquier versión de estas creencias no te servirá como aliciente para ser mejor. Al contrario, la baja autoestima que surge como consecuencia de estas creencias y el monólogo descalificador nos desmoralizan y nos impiden labrarnos nuestro propio camino.

Cultiva tu crecimiento

Cultiva *tu* crecimiento. El antídoto contra la comparación desmoralizadora es centrarse en lo que realmente deseas cultivar en ti, identificar los valores intrínsecos que te hacen sentir fiel a ti mismo y crear un plan para trabajar hacia la autorrealización.

El tiempo que pases mirando la vida de otra persona agotará poco a poco tu caudal vital. Si elegimos sembrar nuestras propias semillas y cuidar nuestro jardín, en lugar de mirar amargamente la *perfecta* cosecha de verduras del vecino cada año, veremos florecer nuestro propio verdor y lo celebraremos también.

Sigue tu propia lógica. Te torturas con las comparaciones, pero lógicamente, si quieres algo con urgencia, la única forma de satisfacer el deseo es salir y conseguirlo por ti mismo. El monólogo interior comparativo hace que pases el tiempo deseando, en lugar de actuar.

Aprende a cambiar tu perspectiva. Si alguien tiene una cualidad que valoras profundamente o una habilidad que desearías haber aprendido, toma medidas para apoyar tu crecimiento en esa dirección. Si has comprobado que conseguir lo que te inspira es algo posible y realista, haz lo necesario para lograrlo.

Analízate bien. Describe tus habilidades, tus cualidades, el lugar que ocupas en tu vida y tu carrera sin infundir en las descripciones tu opinión o desilusión. Si no puedes ser objetivo, echa mano al teléfono, llama a un amigo o habla con alguien que sea sincero sin juzgarte, por ejemplo una terapeuta muy inteligente... ¿Conoces a alguna?

Fíjate en lo que te cuentas. Presta atención a cualquier momento en el que empieces a escribir una historia sin tener en cuenta todas las pruebas. Por ejemplo, ves a un *influencer* que siempre se hace el «*selfie* perfecto». Con tus anteojeras de «soy menos que», tu historia omite que se hace casi mil fotos para encontrar una que pueda mostrar al público.

Siente curiosidad por tu comparación. ¿Te fijas en el éxito de alguien en un campo que ni siquiera te interesa? ¿Sientes envidia de una relación romántica que has idealizado? Responde con sinceridad, y puede que te des cuenta de que, para empezar, no tienes necesidad de compararte.

Olvídate de tu obsesión. Anota formas productivas de alimentar tu auténtico yo. Recuerda que es más probable que el crecimiento de uno mismo sea positivo y duradero cuando proviene del amor propio y no de las comparaciones con los demás.

Cultiva la alegría simpática. La alegría simpática consiste en deleitarse con el bienestar, los éxitos y la felicidad de alguien. Es una forma brillante y eficaz de vencer la envidia y cultivar más emociones positivas. Tómate un momento para sonreírte suavemente y celebrar la felicidad de otra persona. Dite a ti mismo con suavidad: «Su felicidad no significa que quede menos felicidad para mí. Su éxito no significa que quede menos éxito para mí. Todo el mundo puede tener un trozo del pastel».

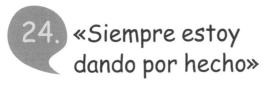

24. «Siempre estoy dando por hecho»

Nuestra mente pensante —llamémosla Lou[*]— tiene fallos bastante serios y causa trastornos innecesarios. No la juzgamos por ello porque lo hace lo mejor que puede teniendo en cuenta la cantidad de información no deseada que recibe a lo largo de su vida. Es cierto que en ocasiones se excede un *poco*, como cuando saca conclusiones sin tener clara toda la información. Y a veces, nos lleva a realizar evaluaciones precipitadas e inexactas de las intenciones y los pensamientos de los demás. Sin embargo, le damos mucho poder para influir en nuestro estado de ánimo y nuestra percepción. Estas son algunas de las formas en las que Lou (*tu* mente pensante) pone de manifiesto sus defectos:

Adivinación: Lou actúa como si tuviera una bola de cristal y te atemoriza mostrándote un desenlace futuro nefasto e inevitable. Le encanta convencerte de que las dificultades pasadas presagian un sufrimiento futuro similar.

---

[*] N. del T.: Teniendo en cuenta el sentido del humor de toda la obra. Probablemente la autora no ha elegido este nombre aleatoriamente, sino por su similitud fonética con *loo* ('retrete').

Telepatía: te hace creer que sabes mucho más de lo que realmente sabes sobre lo que piensa alguien. Cuando empiezo a contar una historia, por ejemplo, Lou me hace creer que no es interesante o que estoy hablando demasiado.

Extrapolación extrema: Lou toma una pequeña información, la exagera añadiéndole dramatismo y te llena de ansiedad. Como cuando faltaste, por algún motivo, a una cita de terapia y te pasaste una semana culpabilizándote porque estabas seguro de que tu terapeuta se sentía decepcionado. (Sucede mucho más de lo que crees).

Hipergeneralización: utiliza tus recuerdos o alguna experiencia objetiva y luego los generaliza hasta un grado irreal o irrazonable. Imagínate una situación en la que rara vez coincides con alguien que te guste en una aplicación de citas. Lou, que está harta de todo, te asegura entonces que «nunca vas a conocer a nadie».

Etiquetado: se basa en nuestras creencias para etiquetar nuestras características y las de los que nos rodean. Por desgracia, esto puede tener algunas consecuencias bastante negativas, ya que tendemos a crear identidades en torno a las etiquetas. Por ejemplo, cuando Lou te dice que los perezosos son unos fracasados, cada vez que te comportas de forma perezosa, puedes etiquetarte como un fracasado.

ATENTE A LOS HECHOS

Conocer a Lou es una forma fácil y divertida de entender que *no somos* nuestra mente. Sin embargo, no podemos echarle toda la culpa: seguimos siendo responsables de cómo respondemos a ella, y para eso tenemos que transformar nuestro monólogo interior y nuestros comportamientos. Tal vez Lou te haga creer que tu jefe no estará de acuerdo con tu solicitud de tiempo libre solo porque no está respondiendo lo suficientemente rápido: tu ansiedad se dispara. Acabas deseando no haber pedido las vacaciones que tanto necesitas. En ese caso, es *tu* responsabilidad recordar las distintas razones plausibles de que aún no te haya respondido, en lugar de suponer que tu jefe está molesto contigo por haberlo pedido. También puedes asumir el hecho de que te esfuerzas y que pedir tiempo libre es absolutamente razonable en un entorno laboral.

ABORDA LAS CONCLUSIONES DE LOU Y SU TENDENCIA A SALTAR

Olvídate de la bola de cristal: piensa en una situación típica en la que adivines tu «mal» resultado basándote en experiencias pasadas. Explora los aspectos de la situación sobre los que puedes tener cierto control. ¿Qué puedes hacer a fin de capacitarte para conseguir un resultado diferente?

Renuncia a la telepatía: recuerda que los demás están demasiado absortos en sus charlas con sus Lous particulares para hacerte mucho caso (sin ánimo de ofender, ¿eh?). Escribe sobre una situación en la que te hayas equivocado o no hayas tenido suficiente información sobre lo que suponías que pensaba alguien. ¿Cuáles fueron las consecuencias?

No hagas montañas de un grano de arena: la mayoría de las veces, si hueles a humo, no es indicativo de un incendio. Reflexiona sobre qué tipo de acontecimientos tiendes a exagerar y cómo afecta a tu comportamiento posterior.

No generalices: durante la pandemia, muchas personas que tuvieron que solicitar nuevos puestos de trabajo no recibían respuesta o no pasaban de una ronda de entrevistas. Pronto se convencieron de que *nunca* conseguirían un trabajo, lo que las desmoralizó y las llevó a dejar de solicitarlo. Escribe sobre una ocasión en la que tu monólogo generalizador haya afectado negativamente a un resultado.

Olvídate de las etiquetas: analiza en profundidad cómo has utilizado las etiquetas de forma que has asumido erróneamente el comportamiento esperado de un individuo o grupo. ¿Cómo te han afectado las etiquetas?

25. «No quiero sentirme así»

Tienes toda la razón: sentirse mal sienta... *mal*. Pero, hay una razón para esto.

Antes de que desarrolláramos el lenguaje para describir nuestro mundo interior, experimentamos sensaciones gracias a hormonas como la oxitocina (amor) y el cortisol (estrés) y a neurotransmisores como la dopamina (felicidad). Esta experiencia física y fisiológica de las emociones se convierte en nuestra primera capa de comprensión de que es posible identificarlas como «buenas» o «malas», aunque, por supuesto, sin el lenguaje, nuestra definición carece de matices.

Al mismo tiempo, nuestros padres respondían a nuestra expresión emocional mediante el lenguaje corporal, las expresiones faciales, el tono, el comportamiento y el lenguaje. Si, por ejemplo, cada vez que llorábamos, mamá se agobiaba y se ponía ansiosa, aprendimos que el llanto —y la emoción que conlleva— era algo que podía ser intolerable. Nos dimos cuenta de que ciertas emociones se potenciaban, mientras que otras se desaconsejaban (o, directamente, se menospreciaban, se descalificaban y se nos hacía avergonzarnos de ellas). Así que, en lugar de considerarlas como algo natural propio del ser humano, se nos enseñó a juzgarlas (o a aborrecerlas, evitarlas o resistirlas).

De manera que, si las emociones son, de hecho, manifestaciones *básicamente* inofensivas, llegamos a la conclusión de que es nuestra respuesta —«no gustar» y «no querer»— lo que le indica al cerebro que esos sentimientos son una experiencia negativa y no deseable. Si logramos transformar nuestra relación con el dolor emocional y dejamos de considerar el ascenso y descenso de determinadas emociones como algo que hay que temer o evitar, podremos empezar a aceptar todos los sentimientos que surjan en lugar de juzgarlos.

OBSERVA TU MENTE

Si, de todas formas, ya estás sintiendo lo que sientes, ¿qué sentido tiene juzgarlo? Si no te quieres sentir de una determinada manera, tendrás que actuar para cambiar tu sensación. Aprender a ser un observador de tu experiencia interior requiere práctica, ¡y puedes empezar por este ejercicio!

1. Establece la intención de *pillarte a ti mismo* cada vez que te estés resistiendo a una determinada emoción o conjunto de pensamientos. La resistencia consiste en desear que la realidad sea distinta de como es. Cuando estableces una intención, te estás diciendo a ti mismo que valoras profundamente lo que quieres hacer y que tienes el propósito de comprometerte con ello.

2. Practica el no juicio. Reconoce conscientemente que el pensamiento que estás teniendo no es bueno ni malo: es solo un pensamiento. Solo tienes que observar, desde la distancia, como un búho posado en una rama alta, la corriente de pensamientos, sentimientos y sensaciones. Al dejar de juzgar, desaparece la presión de hacer algo con respecto a lo que piensas o sientes, porque ya no le dices que es *malo* a tu sistema nervioso.

3. Aprende a considerar los pensamientos como meros fenómenos en el cerebro, igual que la electricidad. Por ejemplo, cuando te des cuenta de que has estado rumiando lo atrasado que estás en comparación con tus compañeros, observa cualquier sensación de angustia que surja de los pensamientos. Esta angustia es toda ella obra de tu mente, que causa estragos en ti.

4. Practica esto una y otra vez durante el resto de tu vida.

26. «La vida es injusta»

Los científicos han descubierto que estamos programados evolutivamente para reconocer la justicia y que, cuando experimentamos o presenciamos la injusticia, se activa la amígdala y aparecen emociones como la ansiedad o la frustración. Nuestra familiaridad con la injusticia comienza en los primeros años de nuestra vida, a menudo cuando experimentamos problemas menores. Tal vez nos obligaron a compartir la pala para jugar con la arena o a turnarnos en el columpio, y en poco tiempo emitimos un quejido, notamos un labio tembloroso y cerramos nuestras pequeñas manos en un puño; estamos convencidos de que el otro niño estuvo mucho más tiempo que nosotros jugando y *no nos parece justo*. Si yo fuera madre, me dirigiría a este niño y le diría: «Bueno, cariño, este es un buen momento para explicarte algo muy importante sobre la vida y las expectativas de justicia...».

Siendo adolescentes, pasamos por la experiencia de quedarnos castigados *por quién sabe qué trastada* y perdernos una fiesta de pijamas... y «¡es tan injusto!». Luego, conforme vamos creciendo, nos damos cuenta de que incluso las mejores relaciones llevan consigo una carga emocional, y es durante el conflicto cuando nos esforzamos por aceptar un desequilibrio injusto de responsabilidades o utilizamos métodos de «ojo por ojo» para señalar los errores de nuestra pareja.

La injusticia surge por todas partes como la mala hierba. La gente a la que queremos no nos corresponde, tenemos trabajos mal remunerados, las personas que carecen de empatía triunfan en la vida, otros nacen con talentos que nosotros no podríamos ni si quiera soñar, estamos sin pareja mientras todos los demás parecen tener a alguien, y luchamos por que la vida nos dé un respiro mientras nuestros amigos parecen flotar por ella sin ningún tropiezo. La lista es interminable, y ni siquiera incluye las atroces injusticias que se producen sistemáticamente en nuestro país y en todo el mundo, fuera de la visión de túnel de nuestra vida cotidiana.

Por eso te pido amablemente que no dispares al mensajero cuando digo que la vida no es ni muchísimo menos justa.

Me paso los días validando las dolorosas emociones que sienten quienes creen que la vida se ha ensañado con ellos. Y esa labor a veces apesta, porque hay ocasiones en las que de verdad hemos sufrido una injusticia. Como seres humanos, ansiamos hacer frente al agravio, y no paramos de pensar en el hecho de que nos haya sucedido a nosotros.

Sin embargo, la voz interior que nos causa más sufrimiento utiliza el concepto de justicia para evitar asumir la responsabilidad de los aspectos de nuestra vida que no nos gustan, muchos de los cuales son, de alguna manera, resultado de nuestro hacer o no hacer. ¿Has pensado alguna vez en la injusticia que suponen los dones y el éxito de los demás? ¿O te has quejado de que en un trabajo no te pagaban lo suficiente a pesar de esforzarte al máximo? ¿Has pensado alguna vez: «Solo necesito que algo me salga bien de una puta vez»?

Tal vez sea difícil admitir que, en lugar de quedarnos paralizados por la comparación o el miedo, podríamos haber aprovechado ese tiempo para desarrollar una habilidad o armarnos de valor para pedir un aumento de sueldo. En lugar de enfrentarnos a algo de nosotros mismos que no nos gusta, le echamos la culpa o nos victimizamos. Por desgracia, rumiar la injusticia no solo es un desperdicio de tu preciosa energía, sino que además no cambiará ningún resultado.

REINTERPRETAR LA EQUIDAD

La injusticia es una píldora amarga; lo mejor para tragarla es acompañarla de un delicioso licor. Por ejemplo: aceptación con hielo y un chorrito de responsabilidad. He oído que sienta de maravilla.

Lo primero que hay que hacer es observar que hay situaciones que asociamos con la justicia que están *bajo nuestro control* y situaciones que están *fuera* de él. Independientemente del control que tengamos o creamos tener, lo cierto es que no somos seres sin poder. Podemos elegir integrar la justicia en nuestros comportamientos cotidianos y en nuestras relaciones humanas.

Y lo que es más importante, tenemos la posibilidad de elegir cómo respondemos a las injusticias que percibimos y observamos.

A veces llueve el día de la boda y un no fumador tiene cáncer de pulmón. Le ocurren cosas malas a la gente buena, mientras que a la mala le sonríe la fortuna. Es importante señalar que, en lo referente a las cuestiones que están fuera de nuestro control, muchas veces no somos conscientes de que lo que hay en realidad no es una percepción de injusticia, sino un sentimiento de *merecimiento*. Creemos que los demás o el universo nos deben algo: queremos que se nos reconozca por nuestras buenas acciones y logros. Queremos el intercambio justo que creemos merecer. Queremos que la vida se relaje un poco y deje de jodernos. Pero a la vida le importa un comino tu felicidad y el universo no tiene ningún favoritismo hacia ti. Pema Chödrön dice: «Como seres humanos, no solo buscamos una resolución, sino que también sentimos que la merecemos. Sin embargo, no solo no merecemos una resolución, sino que sufrimos por su causa» (Chödrön, 2022, 54). Rumiar los momentos injustos de la vida y comportarnos como víctimas de sucesos que escapan a nuestro control —sintiendo que se nos debe un resultado diferente— nos mantiene paralizados en el pasado y fomenta una sensación de impotencia. Recuerda, como hemos comentado en capítulos anteriores, que cuando nos resistimos a aceptar la realidad, sufrimos. Cuando la aceptamos, hay libertad.

En esencia, nuestra paz reside en la calidad de nuestra respuesta a la percepción de injusticia.

SIETE PASOS PARA TRANSFORMAR LA INJUSTICIA

Reconoce todas las formas en que percibes que la vida ha sido injusta, ya sea para ti o para los demás. Haz lo posible por no juzgar tu percepción; simplemente reconócela.

Permite que surja libremente cualquier emoción desagradable, como la ira o el dolor, y haz una pausa de vez en cuando para notar cómo la siente tu cuerpo. No estamos tratando de hacer desaparecer ninguna emoción difícil, sino de dar cabida a estos efectos emocionales tan normales de sentirse agraviado o de ser testigo de una injusticia. Con el tiempo, esta práctica reducirá nuestra reactividad emocional para que podamos responder de forma proactiva y consciente.

Pregúntate: «¿Tenía algún control sobre esta experiencia?». Identifica si has desempeñado algún papel en la perpetuación o creación de una experiencia injusta o si el azar o las acciones de otros la están generando.

Acepta la realidad de que la vida es injusta y muchas veces se rige por una especie de suerte aleatoria que afecta a toda la humanidad.

Ajusta tus expectativas. Una vez que comprendas que no debes esperar justicia, no tendrás que sufrir por los resultados que crees que te perjudican.

Adopta una nueva filosofía. Recuérdate a ti mismo que *no* tienes ningún control sobre la injusticia, excepto tu respuesta, que en última instancia determinará cuánto sufrimiento más estás acumulando.

Actúa con prudencia. En lugar de sentirte impotente y contarte una y otra vez historias sobre las ocasiones en las que has sido despreciado, ahora sabes que puedes elegir durante cuánto tiempo te lamentas, te quejas, te enfadas, actúas con resentimiento o te niegas a aceptar el resultado de algo.

27. «Me lo tomo todo muy a pecho»

Espero sinceramente que no te tomes como algo personal las burlas vertidas en estas páginas. Pero, si lo haces, quédate tranquilo: no eres *tú*, sino... tu cerebro.

Podría parecer una versión más o menos ingeniosa de una frase que se utiliza mucho en las rupturas amorosas; sin embargo, es un recordatorio importante de que, en líneas generales, nuestros cerebros están programados para que seamos el centro de nuestro propio universo mental. Nuestra mente siempre está escudriñando el entorno en busca de peligro y, en este caso, está preparada para responder a cualquier amenaza que percibamos para nuestro ego (sentido del yo o identidad condicionada). Por desgracia, dado que nuestro centro del miedo[*] no evolucionó de forma adaptativa para hacer frente a los estresores psicológicos actuales, gran parte de nuestra voz interior sigue arraigada en mecanismos de defensa inconscientes.

No tienes por qué darte por aludido: la personalización es un reflejo defensivo muy habitual, para proteger nuestra vulnerable psique. Puede desarrollarse como resultado de una crítica o desvalorización externa generalizada, cuando aprendemos que hay condiciones

---

[*] N. del T.: La amígdala cerebral, una estructura con forma de almendra situada en el sistema límbico del cerebro y que forma parte de él.

que debemos cumplir para que nos quieran o acepten (nuestros padres, compañeros, etc.). La mente entra en un estado de miedo cuando percibimos que no cumplimos los criterios de pertenencia de los demás; este miedo nos hace reaccionar para defendernos de lo que creemos que amenaza nuestra imagen de nosotros mismos.

Todos tenemos inseguridades que influyen en lo que tendemos a personalizar. Yo, por ejemplo, me avergüenzo a veces de la vehemencia con la que hablo. Tengo fama de no ser precisamente breve en mis exposiciones. De niña, recibía constantes reacciones negativas por mi verborrea y, durante años, si alguien mencionaba casualmente que hablaba mucho o que tendía a contar anécdotas bastante largas, el rostro se me encendía y me comportaba de forma reactiva o sarcástica.

Aunque la mayoría de los comentarios no eran mal intencionados, siempre me alteraba a la hora de responder a lo que consideraba una desvalorización, una invalidación, una incomprensión o un rechazo. Y es verdad que me hacía falta controlar mi actitud defensiva, pero tampoco quería reducirlo todo a la idea de que simplemente era demasiado sensible y quitarle así todo el valor a lo que sentía.

APRENDE A NO TOMARTE LAS COSAS COMO ALGO PERSONAL

El problema de tomárselo todo a pecho es que, pese a que la mayoría de la gente no tiene la intención de hacernos daño, nos generamos más sufrimiento. El comportamiento de los demás nunca tiene nada que ver con nosotros. Lo que dicen las personas es, por lo general, una proyección de su propia realidad, filtrada a través de la lente de sus malestares, miedos, deseos, valores y necesidades. Si eliges vivir de acuerdo con esta verdad, podrás empezar a ignorar cualquier reflejo automático que te lleve a personalizar el comportamiento de los demás.

Estas son algunas de las consecuencias de la personalización y cómo podrías responder:

- Identificación excesiva con los pensamientos negativos, las emociones y las opiniones de otros acerca de ti, como si reflejaran objetivamente una identidad fija. ➤ Cultiva la consciencia plena para mantener la objetividad; no deduzcas un defecto grave de carácter a partir de un error o un comportamiento aislado.
- Reacciones defensivas reflexivas o inconscientes en las que intentas racionalizar, justificar, negar, ridiculizar o culpar. ➤ Desarrolla la consciencia de ti mismo para examinar los hechos y ser compasivo con tu yo imperfecto.

- Culpabilizarte y rumiar las formas en que algo debe de haber sido culpa tuya o debido a tus defectos. ➤ Asume la responsabilidad en una situación con un resultado indeseable y esfuérzate por trabajar en las partes de ti mismo que se beneficiarían del cambio.

- Sentimientos de responsabilidad por las respuestas emocionales y de comportamiento de otras personas. ➤ Comprende que cada ser humano es responsable de sus propias acciones y de su bienestar emocional; reconoce que muchos factores afectan al estado de ánimo o a la reacción de alguien.

- Baja autoestima/autovaloración que se deriva de culparte a ti mismo y de la creencia de que las dificultades y decepciones de la vida son debidas a un fallo de carácter. ➤ Practica la compasión hacia ti mismo para reconocer la humanidad de cualquier experiencia desafiante o resultado desalentador.

- Miedo a caer mal y a que los demás se den cuenta de tus defectos/incapacidad de estar presente en situaciones sociales debido al pensamiento obsesivo y a la preocupación por la impresión que puedas causar. ➤ Piensa que a todo el mundo le preocupa lo que piensen los demás de él; sé consciente de tu valor como persona para que no te perturbe tanto la idea de que puedas no gustarle a alguien; no olvides que todos los seres humanos tienen grandes defectos.

- Incapacidad para aceptar una crítica constructiva sin reaccionar de forma exagerada o sacar conclusiones; sentirte herido con mucha facilidad y tener aún más miedo al juicio. ➤ Comprende la intención de la crítica constructiva y ten en cuenta que la mayoría de la gente no pretende denigrarnos; elige el entusiasmo por aprender y mejorar en todos los aspectos de la vida y acepta los comentarios constructivos.

- Atribuir erróneamente ciertas cualidades negativas a las personas si las interpretamos de manera incorrecta; tener mala comunicación y malentendidos en las relaciones y amistades que pueden conducir a un mayor conflicto. ➤ Aprende a preguntar a la gente lo que realmente quiere decir en lugar de personalizar a través de tu propio filtro negativo y sacar conclusiones precipitadas.

MIERDA
MIERDA
MIERDA
MIERDA
MIERDA
MIERDA
MIERDA
MIERDA
MIERDA
MIERDA
MIERDA
MIERDA
MIERDA
CÓMO NO TOMARSE LAS COSAS TAN A PECHO

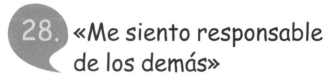

28. «Me siento responsable de los demás»

Te voy a contar un pequeño secreto: un terapeuta se gana la vida gracias a su complejo (no resuelto) de salvador.

Sentirse responsable de los demás suele ser una consecuencia de crecer en un hogar en el que la emocionalidad desregulada, reactiva, despectiva o imprevisible de uno de los progenitores dominaba la situación. Cuando este es incapaz de proporcionar seguridad o regulación emocional, el niño se ve obligado a asumir el papel de padre o madre para mitigar parte del caos. También puede aprender a ocultar sus propias dificultades porque sabe que no puede contar con los adultos del entorno familiar.

Es importante distinguir entre «sentirse responsable» y «elegir ser responsable». Debido a nuestra tendencia a identificarnos en exceso con un estado emocional, es mucho más fácil caer en esta trampa de autoconsciencia cuando nos dejamos arrastrar por el *sentimiento* o la *presión* de tener que ocuparnos del bienestar emocional o mental de alguien, especialmente si hay algún nivel de culpabilidad o manipulación de por medio. Empezamos a temer lo que ocurrirá si no lo hacemos.

Sin embargo, por más que alguien exija imperiosamente nuestro apoyo, siempre tenemos la capacidad de optar por no entregarlo. Si seguimos convenciéndonos de que somos responsables de los estados emocionales de los demás, corremos el riesgo de tratar de complacerlos en todo momento y, por consiguiente, de volvernos acomodaticios y negligentes con nuestras propias necesidades y nuestros límites.

RESPONSABILIZARNOS Y RESPONSABILIZAR A LOS DEMÁS

La vida ya es lo suficientemente dura como para que, encima, carguemos con los sentimientos ajenos, nos consideremos responsables del mal humor de otros o nos creamos tan poderosos como para ser un factor decisivo en los éxitos o los fracasos de alguien. No es realista ni viable creer y actuar como si tuviéramos el poder de hacer que la gente se sienta o se comporte de alguna manera.

Cualquier frase que empiece por «me has hecho» sirve para acusar a alguien de *causar* una reactividad emocional y conductual. Estas palabras nos hacen creer que la gente puede *obligarnos* a actuar y a sentir cosas sobre las que no tenemos ningún control cuando, en realidad, depende de nosotros aprender a responder emocionalmente de una manera más sana y hacernos responsables en lugar de sentirnos impotentes ante los caprichos de nuestro yo emocional.

CÓMO HACERTE RESPONSABLE DE TI MISMO

1. Reconoce que los adultos tienen capacidad de decisión sobre su vida. En última instancia, son ellos quienes toman las decisiones que los llevan a su nivel de satisfacción vital.

2. Renuncia al control que crees tener o que piensas que necesitas para mantener a raya el caos de los demás.

3. Cuando no tengas ninguna prueba de haber actuado mal, no te disculpes. A menudo, alargo la sesión con un paciente porque decido profundizar en un asunto que surge justo cuando se supone que estábamos llegando al final. Sigo haciendo las preguntas y luego, cuando se dan cuenta del tiempo, suelen decir: «Oh, lo siento mucho, se te ha hecho tarde». En esos casos, siempre tengo la misma contestación: «Fui yo quien *decidió* quedarse y seguir hablando».

4. Reconoce que *tú* eliges cómo *respondes*, tanto a nivel emocional como en tus actos, a la agitación o al descontento de alguien. ¿Quieres que los demás piensen que tu capacidad de enfrentarte a la vida depende de ellos?

5. Piensa en los distintos factores que influyen realmente en el bienestar de una persona: su educación, el estrés en el trabajo ese día, su historial de traumas… Esto te permitirá desligarte de cómo crees erróneamente que le estás afectando.

6. Comprueba tus límites. ¿Te sientes responsable porque estás relacionándote con alguien que no respeta los límites emocionales o cuya emocionalidad descontrolada te hace andar con pies de plomo? Asumir las emociones de alguien significa a menudo que las líneas entre tus sentimientos y los suyos se difuminan.

7. Cuando empieces a sentirte culpable por pensar que eres la causa de que alguien se sienta mal, crea un mantra que puedas repetirte a ti mismo y que contenga este mensaje: «No soy responsable de las dificultades y los descontentos de esta persona en la vida. Tiene la misma capacidad de ser responsable que yo».

CONSEJO PRO: Comprende la diferencia entre empatía y compasión cuando te comprometas con los demás. La empatía implica ponerse en el lugar de alguien y, a menudo, sentir intensamente su dolor. Tener compasión significa reconocer el sufrimiento de alguien y sentir amor o preocupación por su aflicción. Aunque la empatía es crucial para comprender cómo se sienten los demás, sentir emociones intensas que ni siquiera son nuestras nos agota. Pasar de la empatía a la compasión nos proporciona ese espacio extra que necesitamos para no agotarnos ni seguir sintiéndonos responsables. Podemos practicar el estar presentes mientras estabilizamos nuestro propio sistema nervioso, lo que nos permitirá actuar desde un estado de comprensión y calidez sin abusar de todos nuestros recursos emocionales.

29. «Siento que esto no se va a acabar nunca»

Todo el que experimenta algún tipo de sufrimiento piensa que este no acabará nunca.

Recuerdo el inmenso dolor que sentí cuando rompí con mi novio después de cinco años. A los dieciocho años, estaba convencida de que íbamos a casarnos. Cinco años más tarde, salía de nuestra casa de Boston, sollozando incontroladamente y asustada porque pensaba que jamás me recuperaría de haber echado a perder mi mejor oportunidad de ser feliz. Estaba totalmente convencida de que jamás volvería a conocer a alguien como él y que viviría con el dolor del arrepentimiento para siempre. Tres meses más tarde, era una de las primeras *millennials* que utilizaban Tinder Beta.

El dolor emocional puede distorsionar nuestro sentido del tiempo y crear la ilusión de que tendremos que soportar eternamente el sufrimiento y la angustia mental durante toda la eternidad. Además, cuando nuestro sistema de lucha o huida se pone en marcha, adoptamos una visión de túnel y nos resulta prácticamente imposible ver una posibilidad fuera de nuestro estado actual de agitación interior. Recuerda que cuando nuestro sistema nervioso se pone en marcha, el córtex prefrontal —la parte del cerebro responsable de la toma consciente de decisiones, la planificación a largo plazo y el autocontrol– se desactiva (muy oportuno, ¿verdad?). Especialmente quienes tenemos dificultades para regular emociones y estados de ánimo percibimos un aumento de la intensidad y la duración de las emociones desagradables.

¿Recuerdas algún episodio bochornoso en el instituto? ¿Una ruptura inesperada con alguien que te importaba mucho? ¿Una traición? Todos hemos tenido momentos en los que estábamos tan ofuscados por el sufrimiento que éramos incapaces de prestar atención a nada más y solo veíamos ante nosotros un camino sinuoso de desdicha que no había manera de evitar. Los seres humanos tenemos un tremendo apego al concepto de permanencia, por eso nuestra voz interior refleja una actitud catastrofista que amplifica nuestras cavilaciones y pensamientos.

Volvamos al primer capítulo, en el que estábamos convencidos de que no podíamos o no queríamos cambiar...

TODO PASA

Hay muchas cosas que deseamos que no cambien nunca y que inevitablemente lo hacen ante nuestros ojos. Mi querido perrito y mi gatito crecen a un ritmo asombroso, y me quejo de ello casi a diario. Sin embargo, curiosamente, las experiencias que nos causan el tipo de sufrimiento que desearíamos que terminara inmediatamente, como el desamor, las crisis de identidad, los episodios depresivos y algunas campañas presidenciales, parecen durar para siempre. Para aumentar aún más el desasosiego, la vida parece hacer continuamente alarde de la incertidumbre, y el no saber nos asusta y nos lleva a olvidar que, al final, todo pasa.

Casi dos billones de células se reproducen en el cuerpo humano cada día, lo que significa que nada —ni el mal tiempo, ni el sufrimiento de cualquier tipo, ni nuestros cuerpos, ni la vida misma— dura para siempre. Cuando nos apoyamos en esta verdad sobre la transitoriedad, empezamos a soltar los miedos que tenemos al sufrimiento futuro. Sabemos que no durará.

Has de saber con todo tu corazón y todas tus fuerzas que no durará.

12

10

11   1   2

9

8   3

7   6   4

5

Todo

pasa

30. «Mi caso es único»

Bueno, espero que no sea así; de lo contrario, solo conseguiré vender un libro...

A veces las experiencias dolorosas son tan abrumadoras, extrañas o vergonzosas que solo nos suceden a nosotros. Puede parecer que nadie más podría ser tan imperfecto, pasar por las mismas dificultades o comportarse de forma tan egoísta. De alguna manera estamos convencidos de que los demás tienen una vida «mejor».

Me doy cuenta de que una persona cree que solo ella está pasando por ese sufrimiento cuando la oigo hablar de lo «mala» que es. Entonces, justo cuando intento tranquilizarla o desafiar su sistema de creencias, se inclina, baja la voz y dice: «No, Katie, no lo *entiendes*. Soy una verdadera *basura*». O algo por el estilo.

No me malinterpretes: estoy segura de que tu caso es único. Dicho esto, recuerda que este libro no se ha escrito *solo* para ti, así que puedes asumir con seguridad que hay al menos un puñado de gente en tu mismo barco. ¿Recuerdas los miles de millones de personas que comparten contigo el planeta? Es absurdo que no haya al menos otro ser humano que tenga los mismos pensamientos que tú, por más oscuros o extraños que sean.

La manera en que funciona tu mente y las cosas que se te ocurren no son diferentes de las de las demás personas. Créeme. Y con ocho mil millones de almas viviendo en esta Tierra, en el extraordinario caso de que *seas* único..., te felicito por una hazaña de nivel de récord mundial Guinness.

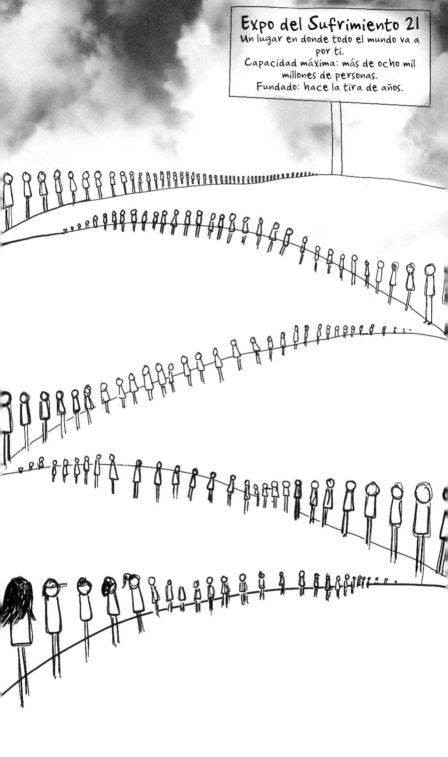

31. «Me preocupa lo que puedan pensar de mí»

Que conste que me ha puesto un poco nerviosa imaginar lo que habrás pensado de mí mientras leías este libro. Nadie se libra de este tipo de elucubraciones.

Solo en el tema de preocuparse por lo que la gente piensa de nosotros, hay una infinidad de combinaciones de afirmaciones y pensamientos negativos, basados en el miedo y la autocrítica. Tenemos miedo de lo que pensará la gente sobre nuestro aspecto, lo que decimos y cómo lo decimos, nuestra personalidad y nuestros defectos si no los ocultamos bien. Incluso a quienes tenemos la suerte de mantener una buena autoestima (o nos lo hemos trabajado) en lo que respecta a nuestro yo social, nos sigue costando eliminar por completo el miedo intrínseco a ser rechazados o «descubiertos» de alguna manera.

A muchos nos preocupa exageradamente cómo nos ven los demás, y esto se debe a que nos han inculcado (ver el capítulo quince) la idea de que, en el fondo, somos seres despreciables o inaceptables. Pensar así hace que seamos muy cuidadosos a la hora de actuar, ya que no queremos poner en peligro nuestra pertenencia al grupo. Ese miedo con el que abordamos las relaciones humanas puede llevarnos a estar continuamente tratando de complacer a todo el mundo, a disculparnos por cualquier cosa, a culpabilizarnos, a amoldarnos a lo que otros quieren y a darles siempre la razón.

En última instancia, mientras nos preocupe tanto lo que piensen de nosotros, seguiremos repitiéndonos alguna versión de las cuarenta frases que forman los capítulos de este libro, y eso *solo* en lo que respecta a protegernos contra el dolor del posible rechazo social.

Queremos sentir la aprobación del grupo, y por eso no nos comportamos como somos, porque estamos convencidos de que tenemos que actuar de cierta manera para compensar nuestras «carencias». Mi mejor amiga cuenta cómo nos conocimos en el coro de la escuela secundaria. O, más exactamente, cómo se dio cuenta de mi (inocente) búsqueda de atención siendo una payasa de clase ruidosa y pesada. Payasa del coro, en este caso. «Al principio me parecías insoportable», me dice siempre.

Sé que era detestable porque mis comportamientos de búsqueda de validación iban de lo cómico a lo censurable. Tal vez a esa edad no me preocupaba abiertamente por lo que los demás niños pensaban de mí, pero lo cierto es que me comportaba de una forma que daba a entender mi anhelo desesperado de ser aceptada. Creo que me esforzaba tanto porque albergaba en mi interior una sensación inconsciente de que necesitaba sobresalir para encubrir una carencia fundamental. El caso es que ella es mi mejor amiga desde hace ya más de dieciocho años, de manera que, al final, la historia terminó bien.

CULTIVA LA RESILIENCIA

De niños, observamos y vivimos experiencias sociales que nos enseñaron qué hacer y qué no hacer para que nos quisieran. Nos preocupábamos por lo que la gente pensaba de nosotros porque teníamos más posibilidades evolutivas de sobrevivir en grupo, con lo que el respeto y la confianza de los demás eran vitales. Aprendimos qué cualidades se consideraban más dignas a la hora de ser aceptados (según parece, las habilidades de teatro musical no siempre nos ayudan a encajar, por eso muchos talentos especiales se pierden por el camino). Hay muchos factores que influyen en la pertenencia, como las etapas de desarrollo, los acontecimientos actuales, los valores culturales y familiares y el entorno, por nombrar solo unos cuantos.

Teniendo en cuenta todos los factores que influyen, hemos de desarrollar una forma de afrontar la posibilidad de ser juzgados, sea cual sea la situación. La doctora Brené Brown (especialista en el tema de la vergüenza e ídolo mediático) desarrolló un modelo que nos ayuda a hacer precisamente eso, llamado *teoría de la resiliencia a la vergüenza* (Brown, 2007).

Basándose en su investigación, la doctora Brown llega a la conclusión de que es necesario comprender la vergüenza y sacarla a la luz hablando de ella, para que esta emoción afloje sus garras. También hace hincapié en que las personas que conocen su propia valía y tienen compasión y conexión poseen más defensas contra la vergüenza, y sugiere que, si trabajamos para desarrollar esas cualidades, nosotros también podremos ver beneficios espectaculares (Brown, 2007).

Si sabemos de verdad quiénes somos, es mucho menos probable que concedamos un gran valor o importancia a lo que los demás piensen sobre nosotros. Cuando nos conozcamos, nos trabajemos y nos aceptemos tal y como somos, podremos evolucionar hasta llegar a ser nuestro yo más auténtico y no dejar que las opiniones de los demás definan de ningún modo nuestra identidad.

Para llegar a ello, debemos practicar la compasión hacia nosotros mismos y la empatía, porque esto nos permite tener el valor de abrirnos, incluso a riesgo de ser incomprendidos, menospreciados o rechazados. Las personas que son muy empáticas son también muy resistentes a la vergüenza (Brown, 2007). Saben cómo suena, qué aspecto tiene y cómo se siente la vergüenza, y entienden qué puede desencadenarla en ellas mismas y en los demás. También sienten empatía por el dolor de la vergüenza; por eso actúan con los demás de forma amable y menos crítica para ayudarlos a experimentar el sentimiento positivo de la conexión.

CÓMO CERRAR EL PASO A LA VERGÜENZA

Cada vez que empieces a sentir vergüenza, puedes practicar el siguiente ejercicio. Por ahora, visualiza un momento en el que recuerdes haberte preocupado por lo que la gente pensaba de ti, quizá después de haber dicho o hecho algo que temías que no fuera aceptado. Luego practica los siguientes pasos:

1. Cuando te sorprendas a ti mismo pensando que eres pesado, desagradable, indigno, etc., piensa que estás sintiendo vergüenza. Dite a ti mismo: «¡Ah, tengo vergüenza!» o «¡Vaya! ¡Ahí está la vergüenza otra vez!».

2. Relájate y respira profundamente. Dite a ti mismo: «Siento vergüenza porque tengo un deseo humano totalmente natural de pertenecer y ser aceptado y querido».

3. Cierra los ojos e imagina los rostros de las personas más cercanas a ti, así como de los desconocidos de todo el mundo. Sabiendo que todos ellos experimentan vergüenza, dite a ti mismo: «Ahora sé que casi todo el mundo siente esta dolorosa emoción. Forma parte de ser humano. No soy el único que se avergüenza».

4. Empieza a observar sin juzgar, como lo haría un científico, cómo sientes la vergüenza en tu cuerpo. Observa cómo cambia su aspecto físico con el tiempo.

5. Utiliza el tacto suave o firme para ofrecerte consuelo. Tápate la cara con las manos o date un fuerte abrazo.

6. La vergüenza suele impulsarnos a luchar (ira/resentimiento), huir (rumiar) o paralizarnos (escondernos). Piensa en lo que la vergüenza te impulsa a hacer. Ahora piensa en algo que sea todo lo contrario. Por ejemplo, si acabas de pelearte con tu familia porque te han dicho que has engordado demasiado, y eso te hace querer dejar de seguirlos a todos en Instagram, ¿puedes practicar el número cinco y luego comprobar tu impulso? (Krimer, 2020).

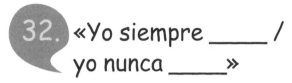

32. «Yo siempre _____ / yo nunca _____»

Completemos los espacios en blanco. ¿Qué te viene a la mente cuando lees estas indicaciones en voz alta? ¿Qué es lo que crees que *siempre* eres o *siempre* haces? ¿Qué es lo que estás convencido de que *nunca* eres o *nunca* haces?

Empiezo yo. *Siempre* utilizo las palabras *siempre* y *nunca* cuando tengo un conflicto con mi pareja. La pelea suele ser por una tontería que le digo que *nunca* hace, como poner un rollo de papel higiénico nuevo (pensándolo bien, es probable que esto no sea cierto; el jurado aún no se ha pronunciado).

Siempre y *nunca* son conceptos derivados de la mentalidad en blanco y negro, que, como sabemos, limita nuestra perspectiva de nosotros mismos, de los demás y del mundo. A veces es más fácil resumir algo con un término comodín; sin embargo, si nuestro uso de *siempre* o *nunca* ofrece un reflejo inexacto de nuestras capacidades o no se corresponde con la realidad, debemos ser más conscientes de cuándo aparecen en nuestras conversaciones diarias.

HABLA DE FORMA MENOS CATEGÓRICA

Te alegrará saber que aquí no te vas a encontrar una larga explicación ni ningún ejercicio, porque la solución es bastante sencilla: deja de utilizar estos términos en la conversación diaria y en tu monólogo interior, a menos que exageres para conseguir un efecto o sean numéricamente precisos (siempre = todas las veces; nunca = cero veces).

Por ejemplo, puedo decirte que *nunca* he hecho paracaidismo. Sin embargo, decir «nunca haré paracaidismo» cambia el significado porque implica que ya he tomado una decisión categórica en mi mente. Oye, si es verdad, es verdad. (Pero, en general, me esfuerzo por no utilizar *nunca* o *siempre* cuando se describe o promete un futuro incierto... porque simplemente no lo sabemos). De lo contrario, sustitúyelo por palabras como *a veces*, *rara vez*, *casi*, *gran parte del tiempo*, etc., para tener un poco más de margen de maniobra.

Puedes practicar esto poniendo en duda las siguientes afirmaciones:

Siempre sé lo que piensa la gente.
Nunca ignoro las emociones de nadie.
Siempre estoy ahí para los demás.
Nunca cambiaré.

33. «No estoy donde debería estar a estas alturas de mi vida»

Esta observación es una buena combinación de *deberías* (ver el número once), una pizca de comparación con los demás (ver el número 23) y una pizca de otros comentarios internos mala onda que he tratado hasta ahora. Cuando nos decimos una tontería como esta, estamos dando a entender que en la vida hay hitos que es imprescindible alcanzar en un momento determinado o de lo contrario no conseguiremos tener éxito ni ser felices. Contarnos a nosotros mismos que no estamos donde realmente queremos estar en la vida es un método supereficaz para desmoralizarnos y machacar cualquier resto de autoestima que nos quede.

Por si no te has dado cuenta, esto es en general lo que consigue *todo* ese discurso negativo: cuando te lanzas a ti mismo esta clase de mensajes es más probable que te sientas como una mierda, y esto, a su vez, aumenta las probabilidades de que creas que eres justo eso, ya sabes...

La mayoría de la gente que atiendo tiene entre veinte y treinta y cinco años, así que, por lo general, oigo hablar de plazos inventados o fruto del condicionamiento social prácticamente durante todo el día, cada día del año. Teniendo en cuenta todos los hitos que «se supone» que debemos alcanzar durante ese periodo de quince años, hay un montón de reproches que nos hacemos a nosotros mismos si nos quedamos «atrás». Dicho esto, los adultos mayores suelen hablar de los hitos que deberían haber alcanzado hace tiempo, lo cual no hace más que fomentar el arrepentimiento y mantenerlos atrapados en el pasado. Hay muchas versiones de esta afirmación y algunas de ellas suenan como:

- Debería haber elegido una carrera más útil. Todos conocen su propósito.
- Ya debería haber descubierto mi vocación profesional. A mi edad los demás tienen las cosas claras.
- Ya debería estar ganando más dinero.
- No puedo creer que todavía siga en un trabajo sin ninguna categoría.
- Ya debería haber tenido una relación duradera. A estas alturas quería estar casado.

Haz una pausa y reflexiona sobre tu monólogo habitual acerca de las formas en las que crees que estás atrasado. Observa cómo te hace sentir.

ACEPTA QUE CADA UNO TIENE SUS TIEMPOS

Mira, definitivamente puedo compadecerme contigo en este tema. Durante mucho tiempo, tuve la idea persistente y generadora de ansiedad de que, sí o sí, debía ser madre cuando aún fuera muy joven para así poder tener una relación satisfactoria con mi hijo. Ahora, a los treinta y uno y sin hijos, estoy agradecida de tener mi propio eje cronológico para pasar por las diferentes etapas vitales, porque gracias a esto he podido vivir numerosas experiencias.

Aun así, conozco muy bien la sensación de mirar a los compañeros y decidir que eres mala o imperfecta porque no estás donde ellos. Pero si buscas en Google «trayectoria vital», leerás sobre innumerables personas de éxito indiscutible que alcanzaron sus hitos a cualquier edad. ¡La gran oportunidad de Morgan Freeman como actor le llegó cuando tenía cincuenta años!

La verdad es que las cosas que no hemos hecho están en el pasado y las que nos queda por hacer están en el futuro. Aunque es innegable que los comportamientos que elegimos en nuestro camino tienen cierta influencia, hay un sinfín de factores externos que se desarrollan como les da la gana.

La próxima vez que te sientas mal por no estar donde quieres estar en la vida, dite lo siguiente:

1. La idea de que hay un límite de edad para hacer la mayoría de las cosas es una invención. La línea cronológica de cada persona es única, y ninguna comparación la cambiará.

2. Nunca le diría a otra persona que no está donde «debería» estar, así que no me lo diré a mí mismo.

3. *Acepto* las cosas que no he hecho en mi vida hasta este momento porque sé que no puedo cambiar el pasado.

4. Mi fijación en un eje cronológico está relacionada con la imagen que tengo de mí y con la creencia de que mi valía personal está ligada a cumplir con ciertas etapas establecidas socialmente.

5. Cumpliré mis objetivos y encontraré mi versión particular del éxito cuando sea el momento adecuado para mí.

34. «No valgo nada»

Quiero señalar que, aunque todo pensamiento negativo es perjudicial en cierta medida, definitivamente hay algunos ejemplos en este libro que requieren mucho más tiempo y atención para desaprenderlos. Entre las tres cosas más desagradables que puedes creer sobre ti mismo está la de que no vales.

Cuando digo «desagradable», me refiero a que hay un mensaje interior que nos han hecho creer con tanta fuerza que podría parecernos tan real como los latidos de nuestro corazón. Cuando nos decimos a nosotros mismos que no nos merecemos nada, que no valemos o que no somos dignos, estamos despreciándonos profundamente: muchos dicen que se sienten como si no valieran nada o que no han conseguido nada en la vida que los haga sentirse dignos.

Cuesta mucho darle una nota de frivolidad a este capítulo, ya que está claro que nos referimos a una experiencia increíblemente dolorosa. Hablarse a uno mismo utilizando expresiones como *indigno* o *no merecedor de que me quieran* puede destrozar por completo la vida de una persona y hacer que se comporte de forma acorde con su propia descripción. Este lenguaje afecta a las decisiones que tomamos, a las personas que permitimos que entren en nuestra vida y a la manera en que nos tratamos a nosotros mismos cuando tenemos problemas.

CONOCER NUESTRO VALOR HUMANO INCONDICIONAL

La posibilidad de no merecer o ser indigno se basa en la «lógica» de que nuestra existencia y nuestro valor son totalmente condicionales. Las condiciones pueden ser las establecidas por nuestros padres, la sociedad o las relaciones que mantenemos. Aprendimos que, para que nos quisieran, teníamos que hacer algo, ser alguien o demostrar nuestra valía, que estaba definida por algo externo a nosotros.

Uno de mis manuales de trabajo favoritos que sugiero a mis clientes, y que te sugiero a ti ahora, es *The Self-Esteem Workbook* [El manual de trabajo de la autoestima], escrito por el doctor Glenn R. Schiraldi. Hay una página en particular que tuvo un enorme impacto en mí y que he adoptado como una especie de lema de vida. Tengo una copia impresa de esa página que puedo leer en cualquier momento si mi perra, Sunny, no está ahí para lamerme durante minutos a su manera incondicionalmente cariñosa. Sí, soy de *esas* locas de las perritas.

El doctort Schiraldi escribe estas profundas palabras: «"Valor humano incondicional" significa que eres importante y valioso como persona porque tu ser esencial y central es único y precioso; tiene un valor infinito, eterno, inmutable y bueno. El valor humano incondicional implica que eres tan valioso como cualquier otra persona» (Schiraldi, 2017, 33).

Realmente creo que alguien que se *siente* indigno es quien *más* merece escuchar las palabras exactas que necesita para aprender a vivir. El doctor Schiraldi continúa enumerando lo que denomina «Leyes de Howard sobre el valor humano». Quiero compartir contigo una versión manuscrita de esta sabiduría y animarte a que saques una foto o hagas una copia de la página: puedes colgarla en algún lugar donde siempre puedas leerla, doblarla en un cuadradito y meterla en tu cartera o imprimir copias y repartirlas por la ciudad en la que vives.

Los fundamentos del valor humano

(Leyes de Howard sobre el valor humano)

1. Todos poseemos un valor infinito, intrínseco, eterno e incondicional como personas.

2. Todos tenemos el mismo valor como seres humanos. La valía no es comparativa ni competitiva. Aunque tú seas mejor en el deporte o en el ámbito académico, y yo sea mejor en las habilidades sociales, ambos poseemos el mismo valor como individuos.

3. Lo externo no añade ni disminuye el valor.

Por ejemplo, el dinero, la apariencia, el rendimiento, los logros.

tan solo incrementan el valor comercial o social de un individuo.

El valor como persona, sin embargo, es infinito e inmutable.

4. El valor es estable y está siempre a salvo (incluso si alguien te rechaza).

5. La valía de una persona no tiene que ganarse ni demostrarse. Ya existe. Solo hay que reconocerla, aceptarla y apreciarla.

Extraído de *The Self-Esteem Workbook* [Manual de autoestima] de Glenn Schiraldi.

35. «Sí, claro, pero...»

A menudo, cuando un cliente me oye decir algo con lo que se siente profundamente identificado, lo repite y le añade un «pero...». Cada vez que oigo este «pero» le explico, sin tapujos, hasta qué punto puede llevarlo a sabotearse a sí mismo. A continuación, siempre le digo la misma broma, bastante mala, pero que me hace reír: «Solo se te permite tener un pero, y es el de tu cuerpo».[*]

Cuando utilizamos la palabra *pero* después de exponer un pensamiento empoderador, esta niega o minimiza la energía positiva de lo que acabamos de decir. Esa afirmación suele contener una perla de sabiduría que necesitamos escuchar, algo en lo que hemos aprendido a creer o que nos gustaría hacer. En lugar de dejar que esas palabras resuenen en nuestra mente, muchos sentimos el impulso de rechazarlas, justificarlas o ponernos una excusa. Aquí tienes algunos ejemplos, que seguramente te resultarán familiares:

Quiero ir al gimnasio, pero no consigo convertirlo en un hábito.

Sé que merezco algo mejor, pero nunca doy con la persona adecuada.

---

[*] N. del T.: Juego de palabras entre *but,* 'pero' y *butt,* 'trasero'.

Quiero dedicarme profesionalmente a mi afición favorita, pero tengo mucho miedo.

Sé que valgo la pena, pero no puedo dejar de pensar que me rechazarán.

SUSTITUYE *PERO* POR *Y*

En el caso del monólogo interior negativo, no podemos permitirnos descartar ningún momento de positividad u optimismo. Por suerte, hay un enfoque muy sencillo: sustituir el *pero* por el *y*.

Al principio puede parecer o sonar un poco extraño decir esto porque no es una formulación habitual para una frase; no obstante, el ligero cambio en el lenguaje comunica a nuestra mente que dos afirmaciones bastante opuestas pueden ser ciertas al mismo tiempo. Asimismo, tiene un efecto neutralizador sobre la parte negativa de la frase. Pronuncia en voz alta las siguientes frases y comprueba cómo el cambio de matiz transforma su energía:

Estoy abierto a intentarlo y tengo miedo a fracasar.

Quiero aprender a amar mi cuerpo y es un trabajo muy duro.

Sé que puedo hacerlo por mí mismo y me cuesta mucho imaginarme que lo logro.

El uso de *y* nos ayuda a mantenernos empoderados en lugar de invalidarnos involuntariamente con «*pero* es difícil», «*pero* tengo miedo», «*pero* estoy muy desmotivado»...

BUSCAR Y SUSTITUIR

Escribe de cinco a diez frases tuyas que suelan incluir *pero* en la ecuación, tal y como he hecho yo anteriormente. Toma un bolígrafo o un rotulador y tacha el *pero*. Hazlo de manera teatral, si lo deseas. Después, conecta las cláusulas utilizando *y*: lee las nuevas frases en voz alta. Por último, tacha toda la segunda parte de la frase. Practica diciendo con confianza la primera. Tómate un momento para disfrutar de la sensación de mayor inspiración y poder.

36. «La verdad es que no tengo ningún talento ni ninguna habilidad especial»

Bueno, supongo que *podrías* aprender a hacer malabarismos... o simplemente leer este capítulo y dejar de contarte pavadas.

Todos los seres humanos tenemos talentos y habilidades; nuestro cerebro es increíblemente complejo y está demasiado desaprovechado como para permitirnos los comentarios de nuestro crítico interior. Es verdad que no todos podemos ser Einstein u Oprah, pero eso hay que aceptarlo. Ni tú ni yo podemos decir que hayamos descubierto la gravedad; simplemente es lo que hay.

De nuevo, aquí es donde tenemos que emplear la aceptación y reconocer que, en comparación con todos esos individuos que realizaron hazañas que cambiaron el mundo, se nos puede considerar seres muy normalitos. Ahora bien, lo cierto es que *tampoco* tenemos una bola de cristal, así que no hay manera de saber si en el futuro llegaremos a hacer algo extraordinario.

DESCUBRE TU POTENCIAL

Vivir en un entorno en el que se hayan cultivado tus instintos e intereses tiene un gran impacto en tu potencial. Aquí tienes algunas alternativas que podrías plantearte si no te acaba de convencer la idea de hacer juegos malabares:

- **Haz una evaluación realista de las cosas.** *¿Realmente* es verdad que no tienes talentos, habilidades o cualidades geniales? Escribe una lista tan extensa como puedas de tus dones.
- **Revisa qué constituye para ti un don o una habilidad.** Soy muy buena a la hora de analizar a la gente, pero a ninguno de los narcisistas que he conocido les gustaba eso de mí. ¿Acaso su interpretación de esta cualidad la convierte en algo menos importante? Además, lo que para ti no es una habilidad para otro sí lo es.
- **Describe cualquier logro que hayas alcanzado utilizando tu mente objetiva.** Si has enseñado a tu perro a hacer un truco ingenioso, cuéntalo.
- **¿Qué dicen de ti tus seres más cercanos, que son quienes te conocen de verdad?** ¿Qué incluiría tu mejor amigo o tu pariente más querido en tu lista de habilidades?
- **Viaja en el tiempo y reflexiona sobre algunas de las cosas que te gustaba hacer cuando eras niño.** La naturaleza desinhibida y abierta de nuestra niñez suele darnos una visión interesante de nuestros primeros intereses e inclinaciones. ¿Eras un genio del Lego?

- **Acuérdate de que nunca es demasiado tarde.** ¿Quieres aprender una nueva habilidad o cultivar un interés incipiente e inexplorado? Solo necesitas creer que es completamente aceptable descubrir talentos y adquirir habilidades en cualquier momento de tu vida.
- **Reflexiona sobre por qué te dices a ti mismo que no tienes ninguna habilidad o talento.** ¿Qué te ha hecho creer eso? ¿Hay algo que te gustaba pero que no se te dio la oportunidad de cultivar?
- **Elige.** Puedes aceptar ser corriente (si es que lo eres) o puedes vivir tu vida de forma más plena sacando un mayor partido de tu potencial y aprendiendo constantemente cosas nuevas.

37. «Necesito tener éxito»

Nuestra sociedad nos enseña a idealizar el éxito en cualquiera de sus formas y a menospreciar y temer la posibilidad de fracasar, o peor aún..., de ser una persona normal y corriente. En nuestra cultura centrada en el logro de resultados, hay un énfasis exagerado en la obtención del éxito, que rápidamente se convierte en sinónimo de nuestra valía como seres humanos.

Mis padres nacieron en Rusia y asistían a la escuela los sábados, es decir, recibieron una educación muy exigente y no admitían que mi brillante boletín de notas tuviera alguna calificación más baja que un sobresaliente. Para ellos, menos de eso era inadmisible. Recuerdo cuando me pusieron mi primer notable. Estaba tan disgustada que estrujé el boletín de notas y luego lo tiré al suelo para pisotearlo. Me acuerdo de cómo lo saqué del fondo de mi mochila y se lo entregué avergonzada a mi padre, que se irritó ante mi intento de esconder el resultado insuficiente. Me dijo algo así como: «¿Qué pasa con este notable? Tendrás que esforzarte más la próxima vez». Estoy segura de que tú tendrás tu propia versión de la historia, con tu familia, tu cultura y las normas sociales que te inculcaron un miedo muy arraigado a no estar a la altura de las expectativas de éxito.

Imagina que dos personas —digamos Juan y Ana— están pensando en cambiar de profesión porque no se sienten satisfechas con su trabajo actual. Para ello tendrían que volver a estudiar. ¿Con cuál de los siguientes ejemplos te identificas más?

Juan:

- ¿Y si cuando lo haga, sigo insatisfecho? Al final, me costará mucho dinero.
- ¿Y si no consigo lo que quiero? ¿Qué pensará la gente si fracaso?

Ana:

- Me emociona pensar en asumir este nuevo reto.
- Echaba de menos estudiar. Por fin podré asistir a las clases que me gustan. Voy a tener que esforzarme mucho, pero sé que luego me alegraré.
- A lo mejor puedo estudiar en el extranjero y así conocer una nueva ciudad mientras hago lo que me gusta.

¿Con qué respuestas te identificas más? Los pensamientos de Juan basados en el miedo se refieren siempre al *resultado*. Le hacen dudar de sí mismo y cuestionarse el intento de emprender esta nueva aventura. Los comentarios de Ana, por el contrario, se centran en lo que puede aprender y en lo que le hace crecer o entusiasmarse. Puede tener algunas preocupaciones, pero al final su monólogo interior está lleno de curiosidad y positividad, además de centrarse en el *proceso*.

¿Quién crees que es más probable que se atreva a embarcarse en esta nueva empresa?

CÉNTRATE EN EL PROCESO

Cuando nuestra autoestima se deriva del simple hecho de saber que nos esforzamos y somos lo suficientemente valientes como para intentar algo nuevo, el *proceso* ya es satisfactorio en sí mismo, independientemente de si «tenemos éxito» o «fracasamos». Esto nos permite vivir en un estado mental más presente porque no estamos atrapados en un estado constante de preocupación por el futuro, arraigado en nuestro miedo a fracasar. Estamos mucho más interesados en llegar a expresarnos tal y como somos y en hacer realidad nuestros sueños.

CONSEJO PRO: Otra forma de ver esto es desde la perspectiva de la mentalidad de reto frente a la de amenaza, que se analizó en el ámbito de la psicología del deporte y el éxito de los atletas (Fader, 2016). Podemos decidir si vemos una situación como una amenaza, centrándonos en todo lo que podría salir mal, o como un reto que podemos asumir y del que, en última instancia, aprenderemos.

CÉNTRATE EN EL PROCESO

Escribe tres ejemplos de ámbitos en los que te gustaría tener éxito. Luego, escribe un par de frases sobre cada uno de ellos: una que destaque tu deseo de conseguir el resultado y otra que muestre tu interés por el proceso.

Cada vez que quieras probar algo nuevo, escríbelo en letras grandes y en negrita en un papel. Añade inmediatamente cinco cosas que probablemente aprenderás de la experiencia. Si ya estás en el proceso de trabajar para conseguir un resultado concreto, procura conectar frecuente e intencionadamente con el momento presente anotando cualquier cosa que agradezcas o vayas aprendiendo durante la experiencia.

38. «Estoy jodido»

Estoy jodido. Tengo mucho lastre emocional. ¿Quién iba a querer estar con alguien como yo?

Si alguna vez has pensado o te has dicho en voz alta algo así, imagíname abrazando a tu yo infantil con un fuerte abrazo de oso. A menudo, creemos que estamos jodidos porque nuestro cuerpo y nuestra mente arrastran una historia de dolor y trauma que se manifiesta en nuestras relaciones y en nuestras experiencias vitales. Muchos creemos que hay algo muy malo en nosotros y nos agotamos intentando ocultárselo a las personas significativas de nuestra vida porque tenemos un profundo sentimiento de vergüenza. Identificarnos con el término *jodido* es implicar que las dificultades por las que hemos pasado, por muy poco control que tuviéramos sobre ellas en su momento, nos han arrebatado en parte la dignidad y hemos quedado fuera de juego para siempre.

Lo peor es que esta creencia se ve reforzada no solo por la forma en que nos hablamos a nosotros mismos, sino también por la poca importancia que se les da a la atención y la compasión en la cultura occidental. Por desgracia, cuanto más estudio a los seres humanos, más me reafirmo en mi idea de que la gran mayoría no sabe relacionarse con los demás de forma emocionalmente apropiada y consciente. Es una putada, pero en el colegio no se nos enseña nada de esto.

Por desgracia, casi nadie se esfuerza en ser más consciente de sí mismo y de sus emociones. Esta falta de consciencia se extiende a las relaciones humanas y afecta negativamente a aquellos que están convencidos de tener un fallo irreparable.

Cuando alguien está sufriendo, la gente, por regla general, no sabe qué decir o preguntar; en el peor de los casos, existe una notable falta de empatía hacia los que sufren problemas de salud mental. De esta manera, se perpetúa el estigma de que quienes sufrimos a un nivel superior al de la simple autocrítica (y que a menudo tenemos un historial de trauma, ansiedad, depresión, etc.), en realidad, somos irrecuperables. Te cuento todo esto para recordarte que nuestra impresión de estar «jodidos» surge en gran parte como consecuencia de una cultura que no honra la imperfección, sino que la devalúa y la degrada.

ACÉPTATE COMO SER HUMANO

Si estás leyendo este capítulo y te identificas de algún modo con la sensación de que algo en ti no solo está mal, sino que no tiene solución, quiero dejarte bien claro que eso es absolutamente falso. Eres un ser humano que ha sufrido, y posiblemente mucho. No hay ninguna solución fácil ni una anécdota que pueda compartir que haga que dejes de creer de golpe lo que ahora crees sobre ti.

Dicho esto, *hay* una decisión sencilla que puedes adoptar cada día: cuando te sientas especialmente mal contigo mismo de esta manera, en lugar de seguir consintiendo el pensamiento y la vergüenza (que se alimentan mutuamente), prueba a repetir cualquiera de las siguientes afirmaciones. La próxima vez que tu mente te diga que no tienes arreglo, elige decirte:

Soy un ser humano que ha sufrido.
Estoy bien, aunque tenga problemas. No necesito que me arreglen. Necesito sanar.

Recuerda que, a medida que incorpores la compasión a tu monólogo interior y a tu práctica diaria, dejarás gradualmente de verte como un ser sin esperanza.

CONSEJO PRO: Si quieres una forma más creativa de superarte a ti mismo, aprende sobre el arte japonés del *Wabi-Sabi*, cuya premisa consiste en ver la belleza en las cosas rotas e imperfectas de la vida. Para potenciar tu creatividad, podrías hacer un poco de reparación *kintsugi*, que consiste en aprovechar la cerámica rota y recomponerla utilizando polvo de oro (es la forma auténtica) o polvo metálico (¡genial también!). *Kintsugi* se traduce como 'reparación dorada' (Kempton, 2010). Es una forma consciente de observar cómo algo roto puede recomponerse y además nos permite dar una nueva vida a algo que realmente está roto y, en última instancia, maravillarnos ante la belleza de la imperfección.

39. «No creo que mis problemas sean tan importantes»

Creo que no hay más que añadir si de verdad piensas que tus problemas no son importantes. Pero, por si acaso estás tratando de ignorar tu sufrimiento o de restarle importancia, te lo diré de forma sencilla: si tus dificultades, sean cuales sean, te causan dolor o malestar o afectan de alguna manera a tu calidad de vida, son un problema lo suficientemente importante como para que le prestes atención. Tus dificultades son únicas y muy reales para ti. En mi opinión, no tiene ningún sentido comparar las experiencias de sufrimiento, porque las circunstancias vitales de cada uno son muy diferentes. La cuestión es que, si estás sufriendo, te mereces la misma consideración y atención que querrías para otro. Punto.

40. «No soy suficiente o soy demasiado»

Si nos dedicamos sistemáticamente a cualquiera de los primeros treinta y nueve ejemplos de hábitos mentales perjudiciales y de monólogo interior negativo que se analizan en este libro, no nos queda otra que acabar aquí. Cuando las personas más significativas de nuestra vida nos enseñan que hay algo de lo que carecemos o, por el contrario, en lo que nos excedemos, nos están enseñando que, para ser aceptables o dignos de ser queridos, debemos cumplir con las condiciones que ellos nos marcan. Crecemos aprendiendo a buscar pistas en nuestras relaciones humanas que confirmen o nieguen si, de hecho, «nos falta» o «nos sobra» algo. De este modo, podemos asegurarnos por anticipado de que nadie vea lo imperfectos (que percibimos) que somos.

Estamos llegando al final del libro y me gustaría tomarme un momento para exponer mi propio monólogo interior, que tenía lugar incluso mientras escribía, con bastante seguridad, sobre las formas de deshacerme de estos pensamientos. Cada vez que corregía alguna parte del libro, me preocupaba lo que pudieran pensar los lectores del resultado. ¿Estaba diciendo lo más importante sobre cada ejemplo? ¿Y si apenas era convincente o si era demasiado redundante? ¿Aprenderían algo que no supieran ya?

En el lado positivo —y ahí es donde, en última instancia, me gustaría que aterrizaras— eché mano a muchos de los trucos del oficio que he compartido contigo. Tomé nota del crítico ruidoso sin juzgarlo, normalicé el hecho de que da miedo exponerse y, en última instancia, utilicé mis valores (el crecimiento personal y el apoyo al crecimiento de los demás) para orientar mi comportamiento en lugar de mis emociones (en este caso, el miedo). Espero que este libro te ayude a no sentirte tan solo a la hora de asumir los auténticos retos de cambiar uno de los hábitos mentales más sólidos que tenemos las personas y a sentirte más esperanzado en que serás capaz de asumir ese reto sin juzgar tu proceso mientras lo haces.

CURA TUS HERIDAS DE UNA VEZ POR TODAS

Permíteme señalar hasta qué punto es absurdo el concepto de que podamos medir nuestra suficiencia con criterios creados por un ser humano que no ha sanado o por cualquiera que no sea quien vive tu vida. ¿Has comprado alguna vez una bolsa de patatas fritas que te apetecía, te has apresurado a abrirla, entusiasmado, y has descubierto que tres cuartas partes de la bolsa eran aire? ¿Recuerdas ese momento en que te diste cuenta de que tu antojo no estaba en absoluto satisfecho, mientras introducías la mano en la bolsa vacía por última vez, con los dedos cubiertos de grasa y migas? Arrugaste la bolsa resoplando: ¡qué estafa!

Que esa sea, de una vez por todas, tu única definición de «no ser suficiente».

Imaginemos que tienes una pared delante en la que puedes pintar todas las palabras y pensamientos inútiles que has utilizado contra ti. Da un paso atrás y mira una última vez para ser consciente del daño que te ha hecho esa conversación contigo mismo. Luego vuelve a la pared y, con trazos fuertes y contundentes, tacha cada una de esas palabras. En el espacio que hay junto a cada una de ellas, escribe las palabras nuevas y sanadoras que vas a introducir en tu vida. Retrocede un paso y léelas en voz alta para ti. Fíjate en lo que sientes al oírte decirlas.

Y no mires atrás.

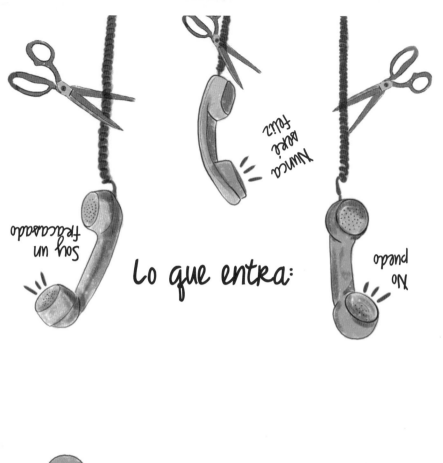

Lo que entra:

... y lo que sale:

Referencias

Beck, Judith. 2011. *Terapia cognitiva: Conceptos básicos y profundización*. Editorial GEDISA.

Brach, Tara. 2014. *Aceptación radical: Abrazando tu vida con el corazón de un Buda*. Gaia Ediciones.

Brown, Brené. 2007. *I Thought It Was Just Me (But It Isn't): Making the Journey from «What Will People Think?» to «I Am Enough»* [Pensé que era solo yo (pero no): pasar de «¿qué pensará la gente?» a «soy suficiente»], Nueva York: Penguin Random House.

___2019. *Los dones de la imperfección: líbrate de quien crees que deberías ser y abraza a quien realmente eres*. Gaia Ediciones.

Cacioppo, John, Stephanie Cacioppo y Jackie Gollan. «The Negativity Bias: Conceptualization, Quantification, and Individual Differences». *Behavioral and Brain Sciences* 37 (3): 309-310.

Chödrön, Pema. 2022. *Cuando todo se derrumba (nueva ddición): palabras sabias para momentos difíciles*. Gaia Ediciones.

___2015. *Fail, Fail Again, Fail Better: Wise Advice for Leaning into the Unknown* [Fracasa, vuelve a fracasar, fracasa mejor: consejos sabios para apoyarse en lo desconocido], Louisville, CO: Sounds True.

Deschene, Lori. 2021. «How to Deal with Unfairness and Change the Things You Can». *Tiny Buddha: Simple Wisdom for Complex Lives* (blog). 4 de agosto. https://tinybuddha.com/blog/how-to-deal-with-unfairness-and-change-the-things-you-can/.

Doidge, Norman. 2008. *El cerebro que se cambia a sí mismo*. Editorial Aguilar.

Dweck, Carol S. 2016. *Mindset: la actitud del éxito.* Editorial Sirio.

Fader, Jonathan. 2016. *Life as Sport: What Top Athletes Can Teach You About How to Win in Life.* [La vida como deporte: lo que los mejores atletas pueden enseñarte sobre cómo ganar en la vida], Boston: DaCapo Press.

Germer, Christopher K. 2009. *The Mindful Path to Self-Compassion: Freeing Yourself from Destructive Thoughts and Emotions* [El camino consciente hacia la autocompasión: liberarse de los pensamientos y las emociones destructivas], Nueva York: Guilford Press.

Germer, Christopher y Kristin Neff. 2019. «Mindful Self-Compassion (MSC)». En *Handbook of Mindfulness-Based Programmes: Mindfulness Interventions from Education to Health and Therapy* [Manual de programas basados en mindfulness: intervenciones de mindfulness desde la educación hasta la salud y la terapia], editado por Itai Itvzan. Londres: Routledge.

Kabat-Zinn, Jon. 2017. *Mindfulness en la vida cotidiana: donde quiera que vayas, ahí estás.* Paidós.

Kempton, Beth. 2010. *Wabi Sabi: sabiduría de Japón para una vida perfectamente imperfecta.* Urano

Krimer, Katie. 2020. *The Essential Self-Compassion Workbook for Teens* [El manual esencial de autocompasión para adolescentes], Emeryville, CA: Rockridge Press.

Lethbridge, Jessica, Hunna Watson, Sarah Egan, Helen Street y Paula Nathan. 2011. «The Role of Perfectionism, Dichotomous Thinking, Shape and Weight Overevaluation, and Conditional Goal Setting in Eating Disorders». *Eating Behaviors* 12 (3): 200-206.

Lewis, Michael. 1998. «Emotional Competence and Development». En *Improving Competence Across the Lifespan* [Mejorar la competencia a lo largo de la vida], editado por Dolores Pushkar, William M. Bukowski, Alex E. Schwartzman, Dale M. Stack y Donna R. White. Nueva York: Plenum Press.

Luby, Joan, Andy Belden, Jill Sullivan, Robin Hayen, Amber McCadney y Ed Spitznagel. 2009. «Shame and Guilt in Preschool Depression: Evidence for Elevations in Self-Conscious Emotions in Depression as Early as Age 3». *Journal of Child Psychology and Psychiatry, and Allied Disciplines* 50 (9): 1156-1166.

Mantini, Dante y Wim Vanduffel. 2013. «Emerging Roles of the Brain's Default Network». *The Neuroscientist: A Review Journal Bringing Neurobiology, Neurology, and Psychiatry* 19 (1): 76-87.

Merriam-Webster, s.v. «Self-Talk (n.)», consultado el 15 de febrero de 2021, https://www.merriam-webster.com/dictionary/self-talk.

____«Thought (n.)», consultado el 12 de enero de 2021, https://www.merriam-webster.com/dictionary/thought.

Neff, Kristin. 2016. *Sé amable contigo mismo: el arte de la compasión hacia uno mismo.* Ediciones Paidós.

Neff, Kristin y Christopher Germer. 2020. *Cuaderno de trabajo de mindfulness y autocompasión: un método seguro para aumentar la fortaleza y el desarrollo interior y para aceptarse a uno mismo.* Desclée De Brouwer.

Nhat Hanh, Thich. 1995. «Interbeing with Thich Nhat Hanh: An Interview». *Tricycle*, verano de 1995, https://tricycle.org/magazine/interbeing-thich-nhat-hanh-interview/.

Salzberg, Sharon. 2002. *Amor verdadero: el arte de la atención y la compasión.* Editorial Océano de México.

Schiraldi, Glenn R. 2017. *Manual para potenciar la autoestima.* Obelisco.

Tolle, Eckhart. 2013. *El poder del ahora: una guía para la iluminación espiritual.* Gaia Ediciones.

Woods, Rachel F. 2018. «How to Stop Black-and-White Thinking», 31 de mayo, *PsychCentral*, https://psychcentral.com/blog/cultivating-contentment/2018/05/how-to-stop-black-and-white-thinking#3.

Sobre la autora

Katie Krimer es psicoterapeuta, dirige una próspera consulta en Nueva York y es fundadora y formadora de la empresa Growspace de *coaching* para el bienestar y el crecimiento. Emigró de Rusia a temprana edad y creció en Nueva Jersey. Se licenció en Psicología Clínica en la Universidad de Washington y tiene un máster de la Universidad de Boston en la misma especialidad. Es licenciada en Trabajo Social Clínico por la Universidad de Nueva York. Asimismo, es titulada en Mindfulness y Psicoterapia por el renombrado Institute for Meditation and Psychotherapy ('instituto de meditación y psicoterapia') y está preparando su certificación de dos años como profesora de meditación mindfulness bajo la tutela de Tara Brach y Jack Kornfield. Es autora de *The Essential Self-Compassion Workbook for Teens* [El manual esencial de autocompasión para adolescentes] y le apasiona ayudar a los demás a desarrollar una forma de vivir más auténtica, apoyarlos en las dificultades de la vida y enseñar la práctica de la atención plena y la compasión hacia uno mismo.